U0925515

孩子的未来
取决于爸爸

아이의 미래,
아빠하기에 달렸다

爸爸的一个小小习惯可以改变孩子的未来

[韩]金根圭/著　李 林/译

아이의 미래,
아빠하기에 달렸다

谨以此书献给

与病魔抗争的我亲爱的父亲金道判

前　言

爸爸应思考今天讲述明天

爸爸的路可以预示孩子的将来。对孩子来说，爸爸具有不可估量的力量。在孩子的幼儿时期，爸爸跟妈妈一样重要。可是，在现实中大部分爸爸认为养育儿女是妈妈的责任，而不管不顾。他们想当好爸爸，但不清楚应该怎么做。

可以说，爸爸的养育态度和行动与妈妈有区别。当然，根据每一位爸爸的性格和信念，他们的养育方式也不同，但通常爸爸关心孩子的硬件部分（比如，关心孩子人生的高度、宽度及深度，包括我是谁，现在要做什么，将来要走什么样的人生道路等），而妈妈主要关心软件部分（比如，孩子的学习成绩，还有孩子的学习内容）。没有必要一定要分清妈妈和爸爸各自的作用，但最理想的分工，是由爸爸塑造孩子的器皿，再由妈妈来在器皿里放满珍贵的东西。当妈妈和爸爸向孩子传授正确的价值观、人生态度和生活习惯，孩子就能走上更为理想的人生道路。

我在大学教书之前，曾担任幼儿园教师。根据当幼儿园教师的经验，看到孩子，就能猜出他们的父母是什么样的。父母的生活习惯很重要，是因为孩子在出生后，首先模仿和学习的就是父母的人生哲学和言行。换句话说，孩子在成长过程中，继承爸爸妈妈的习惯和言行，再把它变成自己的，形成他们人生的根基。

成为好爸爸也许需要自我牺牲，是非常艰难的事情，但改变一下思维方式，在生活中我们可以轻而易举地成为好爸爸。

那么，好爸爸是什么样的？带孩子下馆子、给孩子买好衣服和玩具、给零花钱，等孩子大一点就多报几个课外补习班，再以昂贵的费用请辅导老师，这样的爸爸是最好的吗？

去年夏天访问韩国时，我有机会观摩了大田某幼儿园的教学。当问孩子们希望自己的爸爸是怎样的爸爸时，孩子们的主张同上述内容有所不同。孩子们希望爸爸陪自己玩耍、一起运动、聊天、读童话书、哄自己睡觉、帮自己剪手指甲和脚趾甲、一起洗澡、唱歌等。孩子对爸爸的愿望是朴实的，他们希望爸爸陪自己的时间更长、想和爸爸谈论更多的事情，在生活中共同创造美好的回忆。

我在美国生活已 12 年了。1998 年，在中央大学研究生院开始攻读幼儿教育系硕士。那时，我首次关注“爸爸”的研究。之后，通过发表硕士论文《爸爸的动作对幼儿自我能力发育的影响》，及 2008 年发表的博士论文《爸爸的参与和抚养态度对幼儿社会自我能力发育的影响》，逐步实现自己的理想。2010 年，通过 KBS 电视台记者郑宰勇（音译）拍摄的专题片“爸爸运动项目”，证明了爸爸对孩子的影响力。如今，针对各种各样的父亲，我不断扩大我的研究领域。

在过去 20 年中，我专攻幼儿教育研究并进行理论研究和实践活动；在韩国和美国的幼儿园担任教师，不断积累实践经验；担任幼儿教育系教授，针对学生和父母进行研究和教学活动。在这些经历中，我一直思考一个问题，爸爸应该具备什么样的生活习惯。其实，作为两个孩子的爸爸，我深刻地认识到养育孩子的困难。为了更好地养育孩子，我通过总结我的生活习惯并贯彻这些习惯，我写了这本书。

孩子天生模仿和学习爸爸的一言一行。因此，与其考虑怎么教育孩子，不如首先想一想怎么当好爸爸。在这种思路下，我总结爸爸应具备的十种基本习惯。这些基本习惯包括看似微不足道的，还有随着时间流失，对孩子越来越有价值和意义的基本习惯。

可以说，这本书并不是育儿书籍，而是教育爸爸的书。如果你是一个想教育好自己的孩子，但不知道怎么做的爸爸，我建议你一定要实践这本书上介绍的十种习惯。刚开始，也许你以为都是些微不足道的小习惯，但最终你会发现爸爸真正的意义。真心希望这本书能给准爸爸和担心子女教育的爸爸带来帮助。

2013 年 11 月
金根圭

目　录

前言：爸爸应思考今天讲述明天　001
爸爸参与育儿程度测试：我这个爸爸究竟得几分　009

爸爸的第1个习惯　爸爸是大哲学家

有哲学头脑的爸爸是最好的榜样　002
时常和孩子谈论人生　004
摆脱要教育孩子的强迫心理　007
为人父亲　009
TIP1　用孩子的语言来交流的方法　012

爸爸的第2个习惯　爸爸是单纯的跟踪狂

清楚孩子发送的信号，当爸爸也很容易　016
眼力要快半拍，行动要慢半拍　019
掌握孩子的性格和气质的方法　023
让孩子心动的简单规律　026
TIP2　没有必要纠缠养育标准　028

爸爸的第3个习惯 爸爸是伟大的未来学者

需要做展望未来的练习　032

爸爸的鼓励增进孩子的自信　035

表扬要具体，责备带鼓励　039

让爸爸独特的作用　042

TIP3　当好为孩子阅读的爸爸　044

爸爸的第4个习惯 爸爸无法逃避的命运

爸爸所需要的呵护技巧　048

打是亲骂是爱的体罚陷阱　052

爸爸的祝福，爸爸的诅咒　055

小小关怀带来惊人的变化　058

TIP4　传授亲近大自然的秘诀　060

爸爸的第5个习惯 每天10分钟，爸爸是超级淘气鬼

爸爸是世上最踏实的游戏场　064

跟孩子玩游戏，要动起来　067

保持不远不近的距离　070

每天跟孩子玩儿10分钟　072

TIP5　和孩子一起唱歌　075

爸爸的第6个习惯 爸爸是没完没了的提问者

爸爸提问的效果　078
关于爸爸应具有的一贯性　082
创意来源于提问　085
正确的提问和错去的提问　089
TIP6　为什么孩子喜欢玩水　093

爸爸的第7个习惯 爸爸是独一无二的好朋友

像朋友的爸爸和权威的爸爸　096
看着眼睛，孩子敞开心扉　102
时而对孩子倾诉爸爸自己的苦恼　105
成为孩子好朋友的6种方法　108
TIP7　幽默，经营家庭的力量！　111

爸爸的第8个习惯 爸爸很爱妈妈

最美是父母恩爱　114
对妻子的关怀从小习惯开始　118
不能触动妻子的情结　121
一天一次，当着孩子，称赞妻子　123
TIP8　制定孩子的习惯目录　125

爸爸的第9个习惯 爸爸和妈妈是奇妙的组合
认可妻子的权利 128
“单独和一起”的快乐 130
妈妈的唠叨和爸爸的不关心 134
教养的胜败取决于夫妻关系 136
TIP9 让孩子与益友交往 140

爸爸的第10个习惯 爸爸的遗产
先治愈自己的创伤 144
你为孩子愿意留下怎样的记忆 148
孩子只是跟随爸爸而已 150
爸爸幸福孩子才能幸福 153
TIP10 爸爸的习惯决定孩子的未来 156

结语：教养孩子的过程中爸爸成为父亲 159

我这个爸爸究竟得几分

根据最近 1 ～ 2 个月的经验，回答下面 30 道问题是或否。

1. 经常对孩子说爱你并且表现。
2. 当孩子做对事情时给予赞扬。
3. 认真思考过孩子的烦恼。
4. 满足孩子的基本需求（饮食、衣服、保护、抚养等）。
5. 时而向孩子倾诉自己的烦恼并一起讨论。
6. 为孩子朗读书籍。
7. 帮助孩子适应学校生活。
8. 时常（一周内 3 次以上）跟孩子亲密接触和玩耍。
9. 计划并落实跟孩子一起运动。
10. 鼓励和帮助孩子做学校布置的课题或作业。
11. 准确了解孩子的未来理想。
12. 清楚孩子最喜欢玩什么游戏。
13. 当孩子想跟你谈话时，认真倾听并进行交流。
14. 准备和计划孩子的未来。
15. 指导孩子遵守学校规定和社会法规。
16. 准确掌握孩子的性格趋向。
17. 向孩子强调学习的重要性并鼓励孩子学习。
18. 孩子的幼儿园或学校有需要爸爸的活动时，积极参加。
19. 居家中有关于孩子言行和礼节等的明确标准和原则。
20. 奖惩分明，对孩子时而奖励，时而惩罚。

21. 为了当孩子的榜样，注意自己的言行。
22. 一起做孩子喜欢的事情，共度时光。
23. 知道同孩子关系最好的朋友（3 名以上）的名字。
24. 精神上支持和鼓励妻子的育儿工作。
25. 让孩子明白妈妈的重要性和特殊性。
26. 当着孩子的面，时常表达对妻子的爱。
27. 如果对妻子和孩子做错事，及时道歉。
28. 关于育儿问题与妻子有矛盾时，通过交流来解决。
29. 努力分担妻子的育儿及家务。
30. 具有爸爸特有的育儿和教育哲学。

每个问题按一分计算，合计分数。

· 26 分以上：积极陪伴孩子一起成长的好爸爸
· 21 分 ~25 分：虽然在帮助育儿，但需要更加努力的爸爸
· 11 分 ~20 分：对子女的教育仅仅停留在想法的普通爸爸
· 10 分未满：对妻子和孩子不称职的爸爸

也可以采取爸爸亲自答卷，根据爸爸的表现妈妈再答卷后，比较两份答卷的方法。

爸爸的第1个习惯

爸爸是大哲学家

孩子一步步跟着爸爸的脚步成长，因此，不要认为一定要教会孩子什么东西。重要的是，从孩子的角度如实真诚地告诉孩子你对生活的哲学。有哲学头脑的爸爸本身就是最好的榜样。

有哲学头脑的爸爸是最好的榜样

在竞争激烈的社会中生存，需要具备自己的哲学思维。尤其是一家之主，爸爸在做家庭计划，建立圆满的夫妻关系并教育子女的时候，要有自己的人生哲学。因为只有这样，才可以教育并引导子女走上正确的人生道路。

说实话，当爸爸之前，我也没有认真想过人生哲学。作为父亲的我来说，缺乏“让人生有意义”的自我反省。当爸爸之前，我每天都忙于解决问题和计划今后的事情。从二十几岁到三十几岁这十几年来，全部的精力都用在获得硕士学位、找工作、留学、获得博士学位、结婚和就业这些事情上。即使当爸爸后，这种生活也没有得到改观，依然每天忙于完成日常工作。

那是我们第一个孩子刚出生几个月的时候，我哄孩子睡着后，在自己的房间工作。突然孩子开始哭起来，妻子又要工作又要照顾孩子，已经睡着了，听不到孩子的哭声。我立即赶到孩子的房间，首先摸一下额头，看看是否发烧，貌似没有发烧。再看一下尿布，已经湿透了。我给孩子换个尿布，把孩子抱到洗手间用温水洗了屁屁。可还是啼哭不止，心想孩子是不是肚子饿了，赶紧冲了杯奶粉，喂孩子喝奶。奶嘴一到口中，孩子急切地开始喝奶，一边听着爸爸的摇篮曲，一边很快喝完一瓶奶。孩子喝完奶后，我抱着孩子在客厅走来走去，等孩子睡着。孩子在我的怀里酣睡，我听到孩子的呼吸，感觉到孩子的体温。当时，我突然领悟到这就是我生活中最重要的一部分，是孩子为我的人生赋予了新的意义和价值，使我的存在变得更为有意义。从此，我作为父亲开始研究属于自己的人生哲学。

在读研的时候，我读过首尔大学教授李烘雨的著作《教育的目的和困难》，这本书的封面图案非常有趣。有学者认为，当初，世宗大王发明韩文的时候，辅音中包括“ㅿ”，后来转变为“ㅅ”和“ㅇ”。“ㅿ”变成“ㅅ”，有了单词“ㅅ·ㄹㅁ”，后来进化为“삶”（译者注：生活）。另外，“ㅿ”变成“ㅇ”，所产生的单词就是“ㅇ·ㄹㅁ”，后来的“앎”（译者注：懂得）。在生活中，我认为“삶”和“앎”并不是两个分开的概念，而是“生活中懂得”，或“懂得中生活”的意思，指“살암”（译者注：生活懂得），即“사람”（译者注：人类）。总之，人类在生活中不断懂得，这是人天生的宿命。生活和懂得的重要性，这就是哲学。很多爸爸觉得哲学难以理解，因为他们认为哲学是深奥的学问。也许是因为，提到哲学，我们的潜意识里就有种观念，哲学就是通过美丽的词汇或生僻的汉字、警句或格言对人生提供指导。还有一个原因，是因为东西方的很多哲学书太难懂了。

关于“哲学”的定义，有很多概念，但我个人认为，哲学就是“照亮我们人生的学问”。换句话说，在黑暗中如同明灯点亮前进的道路，这就是哲学。可以当做人生指标的概念或思想、观念、价值观和信念等，都属于个人哲学范畴。从判断生活琐事的对错到选择人生道路，人生的每时每刻都需要指明方向，这就是哲学。

爸爸需要哲学的理由很明确。首先，如果爸爸对自己没有正确的认识，很难创造健康的自我。另外，如果没能正确了解自己，很难同其他人建立真诚的人际关系。其次，如果爸爸对自己的人生或世界观没有坚定的信念，就很难以教育孩子。爸爸作为一家之主，如果不懂哲学，就如同不带地图或指南针就开始航海的船长。因此，爸爸确定自己的人生价值和目标，以及未来的目标，这一点尤其重要。为此，爸爸首先要不断反思自己，确定自己特有的哲学观。

时常和孩子谈论人生

是把孩子培养为胸襟如同大碗的人才还是心胸如同小碗的庸才，这取决于爸爸。当然，大碗和小碗都有各自的用途，也许这种比喻不太合适。如果，以容器的大小来衡量人生的气度，爸爸应该让孩子有远大的抱负和坚定的信心，这就是爸爸的作用。

2011 年夏天，我有机会在育儿政策研究所主办的国际学术大会上发表有关研究爸爸的成果。主要研究内容为，爸爸是谁，为了健康的家庭需要爸爸起到什么作用，爸爸实际上能做什么事情，还将韩国的爸爸和在美国生活的韩裔爸爸进行了对比研究。爸爸和妈妈拥有不同的育儿机制。如同，我们观察微小物体时用显微镜，而眺望远处的物体或风景时用望远镜。就孩子的教育问题，妈妈一般更关心眼前的现实，我称之为具有软件性质的关心。相反，爸爸跟孩子保持距离，看得更高更远，我称之为具有硬件性质的关心。如果说，妈妈的教养基于细致，那么，爸爸的教养基于大方。当然，这种情况并不是适用于所有家庭的爸爸和妈妈，这是我通过研究爸爸获得的数据而得出的普遍结果。

小时候，爸爸是什么样的人，这对孩子的人生起到决定性作用。在记忆中越得到爸爸的爱，有幸福童年的孩子，长大后才能成为独立的有主见的领导型人才。因为，在自己的人生中遇见的第一个值得信赖的有力量的男人就是爸爸。孩子尊敬和崇拜这种爸爸，还将自己和爸爸视为一人，很有可能选择爸爸已经铺好的人生道路，乃至有勇气走上爸爸还没有开拓的人生之路。

其实，小时候，我父亲非常严厉。如果我做好了，他会奖赏我。

但如果我做错事，或引起事端，他无一例外地拿起鞭子。我父亲并没有说，“一切由我来负责，你尽管尽情挑战你想做的事情”，相反他说，“你要走我为你计划好的道路”，我父亲采取了这种暗示和强制性的教育方式。上小学的时候，我并不是孩子王，而是被动听从其他孩子意见的内向的孩子。过了青春期，如果没有大哥当我的人生榜样，我可能会一直过着没有主见如同鹦鹉般的生活。

当然，对于父亲，我并不是只有不美好的记忆。总之，不管是正面的还是负面的，父亲对我儿时的影响，对我现在当爸爸其到非常重要的作用，这是不可否认的。偶尔，对待孩子的时候，我发现我会再现我父亲对待我的言行，对此，自己也很惊讶。这不是我一个人的问题，很多爸爸有可能像自己的父亲对待自己那样，对待自己的孩子。其实，我认识的爸爸们对自己的父亲都有爱与恨的记忆。

“他为什么对我那么严厉？”

“他为什么打我多于说我？”

“宁愿牺牲自己的人生，希望我取得成功，为什么不愿意表达对我的爱？”

到现在，我都无法忘记不能亲近的父亲的感觉，就像一堵高墙，恨也恨不了。同时，我反问自己，如今我对待我的孩子是否像当年我父亲对待我一样。

孩子到了青春期，都会不断向自己提出问题，我是谁？我为什么出生？今后应该怎么活？等等。这时候，他们在以自己的身体为代表的“镜子里的自我”和朋友和社会关系中从他人眼里看到的自我中徘徊。当孩子提出“我是谁？我应该怎么活？”等问题时，爸爸应该给予回答。当然没有正确答案，正直和坦率地谈论自己的人生经历就足够了。为了回答孩子的问题，有必要马上开始准备。让孩子自己找到“我是谁”的答案，这很重要。因为，在信任自己的基础上才能确定人生的目标，而且这又是实现人生目标的动力。因此，孩子还小的时候，爸爸就应该开始跟他们谈自己的人生观和人生哲学。因为，在孩子成长的道路上，孩子所拥有的梦想、希望和人生抱负，形成成熟人格的道路上，爸爸的帮助是必须的。

摆脱要教育孩子的强迫心理

很多人认为，爸爸应该做的事是训斥和教育孩子。也许这是儒家的道德观念长期以来影响社会的结果吧。因为，以儒家传统为基础的家庭关系是纵向的而不是横向的。过去，西方的情况也如此。根据心理学家迈克尔·兰姆的理论，在实现近代化和现代化以前，美国的爸爸都是道德榜样。在美国等大部分西欧国家，也以爸爸为中心形成了纵向的家庭关系。他们也认为爸爸体罚孩子是一种传统。

进入现代社会，跟过去不同，爸爸的权威不是绝对的。如今其教育方式完全改变，不是爸爸单方面教育人，而是爸爸值得孩子尊敬，当孩子学习的榜样。如果爸爸希望教育好自己的孩子，首先要当好爸爸。比如，儿子在成长中看着爸爸形成对性的认同感，女儿也是通过爸爸制定对异性的标准，这就是关于“爸爸的性作用”研究的核心。如果，未来希望自己的女儿选择正直、有魅力、体贴的伴侣，那么，爸爸自己成为那种人，这是最好的教育。换句话说，如果，你是优秀的爸爸，日后你女儿领来和你一样伴侣的可能性很大。要记住，优秀的爸爸是儿女发现男性或女性认同感的出发点。

如今你已是爸爸，从一个男孩子，成长为男人了。遇上相爱的女人，和她结婚，成为丈夫了。抱着自己的孩子，你作为爸爸开始了第二段人生。那么，如今你已是孩子的爸爸，谁是你的榜样？你跟谁学习爸爸的作用，用什么样的方式教育你的子女？

包括我在内的很多男人从自己的父亲那里学习爸爸的作用。

父亲从他的父亲那里学习，就这样，从世世代代传下来的对父亲的认同感，以及从文化底蕴中寻找到的父亲的认同感。

提出社会学习理论的阿尔伯特·班杜拉说，人们通过观察和模仿进行学习。特别是他们在观察和模仿过程中选择最具影响力的人来做自己的榜样。抚养孩子的是妈妈和爸爸，是他们要认同的对象。孩子反复观察和模仿爸爸的言行，是因为羡慕爸爸的言行。也许，孩子模仿自己最喜欢的爸爸的言行是理所当然的事情。有人说，孩子是追踪爸爸的脚步生活的。因为，对孩子来说，爸爸的言行和习惯都是活生生的教科书。

我儿子刚满三岁，他经常学我唱歌。我把原来的儿歌改一下歌词再唱给孩子，这为孩子带来另一番兴趣和挑战。如果，我在刷牙，那么我儿子也拿着自己的牙刷和牙膏到我身边刷牙。如果，爸爸嚼口香糖，那么，孩子也要口香糖；看到爸爸喝水，孩子说自己也渴了。最近我儿子对我的刮胡刀和剃须皂非常感兴趣。每次我刮胡子，他就纠缠我说他也要刮。看来，要考虑给他买玩具剃须刀了。

强调一次，要摆脱为了教育孩子而教育孩子的强迫心理，成为孩子的好榜样。想给孩子传达什么信息，就实话实说，不要粉饰。

“看到镇河昨晚睡的晚，所以今天很累，爸爸心疼。爸爸希望镇河早睡早起，尽情玩耍，还跟爸爸一起吃好吃的。爸爸还希望镇河健康长大。今天跟爸爸一起洗澡、看童话书、早点睡好吗？镇河枕着爸爸的胳膊睡，爸爸还给你唱歌，好不好？”

和孩子交流的时候，我努力用孩子能理解的语气，真诚朴素地说话。如果，你努力了解后，知道你的孩子想做什么，有什么想法，那么，你已经是孩子最可靠的朋友。

为人父亲

基督·克里不那穆提有一本叫《重新认识你》的书，根据不同观点对这本书的解读不同，不过，我认为这本书的核心价值是“努力了解自己”。想要当好爸爸，在表面上当好父亲角色之前，要认识自我。

威廉·詹姆斯在《心理学原理》中提出一种观点，即，习惯、本质和自我是左右人生的三个重要因素。意思是说，人类的本能在后来养成的习惯影响下，对自我概念起到深刻的影响。通过父母和朋友等社会的相互作用，人本能地养成习惯，而这种习惯形成人格。当然，自我的概念包括自己所有的，比如，构成自我的因素、个人的意识和情绪，还有实践方式，我想强调的是，我们要关注这样一件事实，每个人养成的个人习惯深深介入自我意识的发展。

并不是结了婚就能当好爸爸。大体上爸爸分两种，首先是指生理学上结婚的男子，另一种是通过领养孩子成为爸爸的。另外，最近随着单亲家庭的增加,爸爸自己养育孩子的情况也有增加的趋势。

德国儿童学家瓦西里沃斯·普特纳基斯认为，爸爸可以分成“育儿的爸爸”和“抚养的爸爸”。参与育儿的爸爸关心孩子的成长，重视家庭成员之间相互关系，相反，以抚养孩子为重点的爸爸更专注自己的工作。

一般情况下，刚开始孩子更依恋担当主要养育者的妈妈。但之后，孩子们在和爸爸的关系中学习阳刚之气，适应社会，培养均匀的社会认知。从孩子出生到婴幼儿期的过程中，爸爸起对孩子起到决定性的作用。比如，如果爸爸积极参与妻子的分娩过程，孩子和妈妈建立信赖关系的同时，也会单独同爸爸建立信赖关系。因为，跟妈妈不同的另一种方式，使孩子觉得具有挑战性。

迈克尔·兰姆通过父母的养育行为找出一种共同的结果。第一，妈妈主要关心和保护孩子的行为，而爸爸通过频繁的肢体接触建立相互信任关系。妈妈的养育方式是以保持亲近密切关系和给予感情支援为主，而爸爸的养育方式是保持一定距离鼓励孩子的自主权，这两种养育方式相结合增进孩子的情绪稳定、扩大孩子的行动半径。就是说，对孩子来说，爸爸是设定界限的一道篱笆，使孩子们有一种在这篱笆内可以得到保护、尽情玩耍的安全感。如同在动物世界，狮子爸爸做好外围警戒，防止侵略者的时候，狮子妈妈则喂饱和关照小狮子一样。

第二，社会文化因素左右父亲自我认同的形成。其代表性的例子是代代传下来的家长制文化。在父亲要严格、妈妈要慈爱的传统观念中，父亲担当了责备和训斥孩子的角色。到如今，这些传统文化严重影响爸爸们的自我。

随着韩国产业化和近代化进程加快，社会发展的焦点在于数量，而不是质量，社会上出现了不少问题。被歪曲的男性文化就是代表性的例子。不可否认，韩国社会的底层隐含着现代社会所面临的以快乐为中心的文化，包括男性的体面和场面文化、以工作和单位为中心的文化、饮酒文化（酒量决定度量）、性文化（英雄好色）、以男性为中心的游戏及休闲和暴力文化、网络文化（黄色网站）和毒品等。这当然不是韩国社会普遍现象，但所谓男子汉气概的定义中有这样的偏见，这是不容置疑的。

许多韩国男性的集体意识有这样的想法，“真正的男人要坚强；当着别人绝对不能流泪；社会上必须要成功；不能求寻求别人的帮助；不能容忍自己的失误”。很可惜这些观念束缚如今的爸爸们。不知从什么时候开始，社会上蔓延根据能力选拔领导的风气。

在社会上只要谁有能力并取得成绩，谁就能被社会接受，即使他道义上有点瑕疵。这个社会成了为了自己的利益只会往上爬的那些人的战场。而我们的爸爸、我们的父亲就站在战场的中央。

对爸爸和所谓的男性的认同来源于纯洁的道德，即堂堂正正。如有问题，只要解决这些问题，才能尽到丈夫和爸爸的责任。假如有一个爸爸，只有在家才当好爸爸，在外则是另一种样子，那这样的爸爸不可能真正为孩子和家庭牺牲自己。因为爸爸的领导能力和爱心基于真诚。假如有一个爸爸，他不是真心爱自己的妻子，却说真心爱孩子，那么他也是伪君子。

苏格拉底说“没有回味的人生是没有意义的”。我们有必要回味生活的每一个瞬间。因为我们通过过去找到学习的机会，通过现在面对和经历严峻的现实世界，通过未来拥抱人生的前途和希望。过去已经逝去，未来一定会来临，我们活在当下。在这时间面前，我们作为一个爸爸如何做好思想准备呢？就像心理学家罗洛·梅说的，现在需要的是“创造的勇气”。把爸爸过去的影子原封不动地传给孩子，还是摆脱过去的影子，送给孩子更好的未来，这取决于爸爸的心态和坚定的信念。

生活中我们遇到很多人，也面对不同的背景、社会经济地位、家庭情况、地域文化等很多变数。其中包括宗教和观念传统，还有大众媒体的影响。在信息泛滥、社会需求激增的现实中，实现自己的意愿和哲学并不容易。因为我们生活的现实社会很容易被外部环境所支配。为了在人际关系中，相互理解和尊重，首先自己要有信念和价值观。

欲用简单的言行来表现一切的狂躁症已成了这个社会突出的特点。即便如此，我们要戒骄戒躁、要忍耐，继续我们的人生。尤其想当好爸爸，更需要对上述的事实和变化的因素进行思考再思考。希望大家在自己的生活中树立毫不动摇的好爸爸形象。

用孩子的语言来交流的方法

英语里‘Understand’是“理解”的意思。虽然这个单词谁都熟悉，但是仔细观察就会找到很有趣的事。“理解”是‘Under’有“下面”的意思，‘Stand’有‘站’的意思，这两个单词的组合。在古代英语中，‘Under’和‘Among’或‘Between’的意思是相同的。奇怪的是英语学家为什么把动词“理解”写成“下面站着”或“站在下面”的意思呢。

我认为，它说明为了正确理解坐着的对方，我也坐下来面对对方。就是说，如果想真正了解对方，应该根据对方调整自己。面对孩子也一样，为了真正理解孩子并与之进行沟通，爸爸要根据孩子的水平努力调整自己。

理解孩子首先要用孩子的语言来交流。以孩子容易理解的语言，使孩子有感同身受的语言来交流的时候，孩子才能敞开心扉、毫不顾忌地表达自己的想法。沟通是交流想法和内心的方式。相互之间自由地交换想法时产生共鸣，这是理所当然的事情。

我在车里常备少儿专用口香糖和幼儿饼干。为的是当孩子饿了或无聊时给吃的零食，但更是跟孩子沟通的道具。孩子从幼儿园放学回家的路上，我们在车里谈很多事情。问一问在幼儿园发生了什么有趣的事情，跟老师和朋友们过得好不好，午觉睡得怎么样，身体有没有不舒服等等。之后，认真听孩子和爸爸说的话。举例如下；

镇河：爸爸，车上有口香糖吗？

爸爸：有。

镇河：给我点行吗？想闻闻口香糖味。

爸爸：知道了。（递给口香糖片刻后）味道怎么样？

镇河：觉得挺好。嚼一个行吗？

爸爸：当然可以。嚼一个吧。也给爸爸一个好吗？

镇河：好。可是爸爸，嚼多了不好吧？

爸爸：当然。口香糖要少吃。

镇河：为什么？

爸爸：是啊，口香糖嚼多了会怎么样呢？

镇河：嚼多了牙齿烂。

爸爸：牙齿为什么烂呢？

镇河：有细菌恶魔，那么牙齿哎呦好疼！所以嚼完口香糖后必须要刷牙。

爸爸：啊，是吗。镇河，谢谢！告诉爸爸那么重要的事情。

上面交谈中有几点需要关注。第一，使用孩子容易理解和熟悉的语言。当对方的语言容易理解并产生共鸣时，孩子才会坦率地说出自己的想法。如果爸爸用自己的语气（大人的语气）来说，孩子会对爸爸的话不感兴趣。爸爸则以为孩子不听自己的话而生气，但是孩子觉得爸爸说的话很难理解，所以关闭交流的大门。

第二，爸爸和孩子交谈使用尊称。人们看到我们夫妻跟孩子使用尊称，都觉得很稀奇。我很长时间担任幼儿教师，所以非常习惯地跟孩子们使用尊称。想更加倾听孩子的话，更要了解孩子的内心，这是我使用尊称更重要的意义。同时，当爸爸表现了尊重孩子的语言和行为时，孩子也养成尊重对方的习惯。

第三，通过“口香糖”这熟悉的素材自然而然地进行交流。如果一位爸爸掌握了孩子最关心的事情，那么可以在此基础上和孩子交流很多事情。为了和孩子更好地进行交流，首先要了解孩子感兴趣的事情。比如，玩具、玩耍、童话书、游戏、幼儿电视节目、朋友、零食等，围绕孩子熟悉的内容展开交谈，短时间内能拉近和孩子的关系。

爸爸的第2个习惯

爸爸是单纯的跟踪狂

观察是爸爸为了孩子首先要做的事情。只是留心观察孩子身上发生的事情，不要替孩子解决问题。当一回认真观察孩子喜欢什么、不喜欢什么的跟踪狂如何呢？

清楚孩子发送的信号，当爸爸也很容易

要想了解孩子在做什么、想什么、希望什么，这就需要爸爸仔细观察。所以我把爸爸叫做“单纯的跟踪狂”。为了孩子健康成长，这是每一个时期和阶段爸爸都必须完成的课题。

比如，新生儿和婴儿期最重要的是通过妈妈和爸爸的关系形成基本信任，为此，父母对孩子发送的信号做出什么反应，这很重要。

那么，怎么知道孩子发送的信号呢？孩子向父母发送的信号分为哭和笑两种。可以说，哭声是新生儿首次想跟社会沟通的呼喊。哭声又说明新生儿具有呼吸空气的功能。父母应该敏捷地反应孩子哭声所提供的信息，并读懂哭声所带的讯息。

孩子的哭声一般分为三种。第一，基础哭声。哭声有节奏感和规律性并连续不断，这说明孩子饿了、尿布湿了或者不舒服，还有寂寞或害怕。第二，生气的哭声。这时的哭声跟平时不同，因为大量的空气注入到肺里，哭声非常大，表现自己生气了。第三，痛苦的哭声。这时孩子突然大声哭起来，刺耳的哭声意味着孩子出了紧急情况，父母应当马上反应。父母通过三种哭声，逐渐提高掌握孩子健康和把握孩子全面状况的能力。

笑声是孩子向父母发送的另一种信号。这是孩子向社会发送幸福的信号。代表性的笑声分为两种。第一、反射性笑。孩子出生一个月左右后，睡觉的时候自然地笑，这和外部刺激没有关系。第二，社会性笑。出生 2 个月后，孩子看到妈妈和爸爸等养育者的行动和表情、言语、声音等后表达喜悦的行动。心理学者丹尼

尔·麦辛杰在《微笑》中说，出生2个月到6个月后，孩子的社会性笑急速发展，并分为两种，即，按照自己意志的笑和呼应他人笑的笑。为了掌握孩子的心里状态和健康状况，父母要对孩子的笑声做出适当反应，并创造跟父母相互作用的乐观的自然环境。等到了两、三岁，开始学走路后，孩子的笑不同于以往条件反射的笑，试图通过自己的笑声逐渐表现意义。

综上所述，孩子的哭声和笑声对父母和孩子建立亲密关系起到重要的作用。所以，对孩子的笑声和哭声，父母要及时做出反应。比如，当孩子因疼痛或饥饿以哭声发出信号，如果父母没有没有做出相应，那么孩子与父母很难发展互信关系。同样，如果孩子持续和重复笑声，父母也没有积极反应，那么，孩子会马上停止笑声。另外，孩子发送给父母的信号中包含热或冷、不舒服、孤独等，我们在日常生活中感觉到的所有感情和感觉。这是孩子需要的基本要求，对此，父母有义务立即做出反应。

但是，孩子长大，开始学说话的时候，父母不像以前那样立刻对孩子的言行做出反应。特别是孩子到了3～4岁，向父母提出很多问题。有些问题根本不像话，或重复同样的问题。这时，爸爸经常忽略孩子的提问。但是，爸爸应该集中精神倾听孩子说话，再向孩子说明。孩子想跟爸爸一起玩耍或要一起出去玩儿，想读童话书的时候，爸爸应及时做出反应，满足孩子的这些要求，才能和孩子建立互信关系。

了解孩子们向外部世界发出的信号，需要关注随因行为理论。动物行动心理学家劳伦兹认为，所有动物都存在关键时期。

这跟小鸟孵化后本能地认为第一个见到的就是妈妈一样。人类同样也有这种生存本能，所以，新生儿的初期经验对孩子起到决定性作用。因为，铭记在人体记忆的首因效应，即当初信息的作用比后来接受的信息更重要。孩子接受的关照和反应，对孩子的反射行动或反应起到影响。面对父母经常笑，哄自己和鼓励自己，孩子也对着父母笑，还呀呀学语，挥动手脚。父母为自己喂奶、换尿布，孩子认为自己受到保护，从而获得安全感，开始模仿父母的言行。之后，孩子的这种模仿行为发展成自己的行为。也就是说，孩子仔细观察和模仿父母的言行，再把模仿的言行变成自己的。

我们要清楚，是感性决定孩子的选择，而不是理性。因为，孩子处理客观信息的能力和理性判断的标准还没有形成。因此，在婴幼儿期，最重要的是和孩子建立紧密关系，以帮助孩子形成丰富的感性。

儿童认知发展理论家让·皮亚杰通过观察孩子，进行了体系化的研究。两岁左右的孩子通过观察开始学习和模仿。根据安德鲁·梅哲夫的最新研究，孩子出生 9 个月就回忆过去的事情并开始模仿，并且在自己经验的基础上追求自律行动。这样的自律行动一周岁开始急速增加，通过观察模仿言行叫做观察学习或建模。大人也不例外。如果他人的言行有魅力，就自然模仿他的言行。无论孩子和大人，他们的模仿行为都不仅限于模仿，而是逐渐变成自己的。

眼力要快半拍，行动要慢半拍

我们的生活是无数个等待的连续。父母等待孩子的诞生，为了还没降生的孩子准备衣服、尿布等分娩用品和玩具。在长达十个小时、十二个小时以上的分娩过程中，爸爸跟妻子分担痛苦并鼓励妻子，并一起等待孩子的出生。终于含着激动的泪水拥抱第一个孩子的那一刻，爸爸觉得自己站在人生的顶峰。孩子每两三个小时醒来吃奶后，爸爸替妻子抱着孩子轻轻拍一拍，让孩子打饱嗝，再怀抱孩子一边给唱歌一边走来走去，直到孩子入睡。孩子生病了，宁愿“我替孩子生病该多好……”，专心护理孩子，等待孩子康复。即便孩子病危，一心想保住孩子生命的责任感是全世界爸爸的共同本能。

这也不是全部。爸爸还有其他的等待。孩子到了两岁，就开始产生自我意识和固执。或哭闹或时常说“不”。自己想吃的，自己想玩的，自己喜欢的人等，孩子觉得自己是世界的中心。这是理所当然的现象，孩子进入学步期和幼儿期后，产生新的目标，即自律性。这个时期的孩子有以自我为中心的思考，并希望独立自主的做事。

这时，普通父母认为，开头不杀孩子的锐气往后怕不好控制，就跟孩子展开阵势。但这个时期需要慢半拍的智慧，对孩子的要求或言行不要马上做出反应。就是说，认真听孩子把话说完，为了让孩子有时间充分考虑和判断，爸爸的行动要慢半拍。保持一定的距离，使爸爸在孩子面前更加有深度。注意观察孩子身上发生的事情，但不能帮孩子解决问题。全身心地观察孩子的变化，但暂时放弃解决问题的冲动。

在人与人之间的矛盾中也有好的一面，正确处理矛盾时，两人的关系会更上一层楼。养育孩子的时候，父子之间会出现互不相让的矛盾。最近，越长越大的我家老大不愿意坐在车后座位的婴儿座上，总闹着要坐视野好还舒服的副驾驶。跟小孩说明安全须知，讲交通规则是没有用的。这时，普通爸爸们应该怎么解决问题？

“不行！爸爸不是告诉你开车时保持安静吗？”

“总是哼哼唧唧爸爸要揍你啊！”

“爸爸说了不行，你还闹？挨揍了才罢休？

大部分的爸爸都这样吓唬孩子，或拿出权威对孩子的要求置之不理。包括我在内，很多父母从这些小事开始，跟孩子发生各种矛盾。孩子和大人都进入战斗状态，最后要产生胜者，这种结局并不理想。应该先问问孩子为什么不愿意坐婴儿座，要坐前排座。我是这么处理的，让孩子坐在副驾驶上，在停车场或空地里开车转一圈，或进行交流。然后，仔细说明不能坐前排座位的理由。

爸爸：坐前排怎么样？

镇河：好。

爸爸：爸爸也希望跟你并排坐在前排一起开车，但是你坐前排实在是太危险！

镇河：为什么？

爸爸：如果爸爸的汽车发生事故，撞车，你有可能受伤。警察叔叔还给爸爸开罚单呢。

镇河：接到罚单会怎么样？

爸爸：爸爸违反交通规则了，掏钱。

镇河：为什么？

爸爸：发生事故的话，镇河你可能受伤，警察叔叔教育我！你希望警察叔叔教训你爸爸吗？

镇河：不！

爸爸：那么，等你长大后坐副驾，或驾驶座开车，之前，我们等一等，好不好？

镇河：好的，爸爸！

小孩的理解能力比我们想象的强很多。因此，只要爸爸耐心说明，一般孩子都会同意爸爸的意见。爸爸对孩子进行耐心的说明，给孩子一点自己思考的时间，那么，孩子认为爸爸是可以信赖的、能沟通的人。

小孩的年龄还不能充分表达自己的想法，因此，爸爸应具备忍耐和等待的美德。这样，孩子才能够逐渐充分表达自己的想法。不少父母等不及孩子思考的时间，对孩子大声训斥甚至实施家暴，无论如何，不能打骂孩子。小孩在成长过程中，同父母建立互信关系，并逐步找到自我。如果，这个时期，打击孩子的自律性，长大后会成为不能完整地表达自己意见的想法被动的人。因此，父母要从容等待孩子自己思考并做出判断。

如果，无法容忍孩子的错误行为和习惯，而且没有方法马上解决，不如维持现状。在等待的过程中，双方之间产生深厚的信任和亲情。当然，等待孩子的过程很艰难，如同修炼。因此，有时候需要解决问题的智慧，可以不用等待。失败乃成功之母，好爸爸也是经过无数次失败才逐渐成为专家。

引用美国亚特兰大韩人教会牧师金正浩（译注：音译）的一首诗。

不要用一句话
想表达自己是何人
我们要继续说话
不要用一次的行动来纠正一切错误
我们要继续行动。

不要想用责备、唠叨、打骂等手段一次性纠正孩子的所有想法和行动。因为，爸爸性急和不忍耐所带来的不幸比我们想象的还要大。

掌握孩子的性格和气质的方法

为了更好的和孩子沟通，要充分了解自己孩子的性格和气质。清楚孩子喜欢什么样的游戏和活动，不喜欢什么或怕什么，教育孩子的方式可以量身定做。很多父母把孩子脾气不好或情绪不稳定，没有耐性和不可控制等责任都揽到自己身上，认为孩子出现问题是因为自己没能用爱心和真情照顾孩子。但是不必太自责，因为孩子天生的性格和气质的影响也很大。

心理学家史黛拉·霍斯和亚历山大·汤玛斯将孩子天生的性格和气质分成三种。

第一，“容易的孩子”。引用原文用语，说“容易的孩子”有些不妥。指容易了解其身体健康和心理状态的孩子。比如，有些孩子在新生儿和婴儿期，睡觉、起床、吃奶和排便都有规律，因此，父母容易掌握孩子的状态。这种孩子比较容易适应新环境，即使没有父母的关照也能顺利地完成身体、智力、情绪的发育，可以预测孩子今后的发育过程。因为，对这种气质的孩子，父母或养育者照顾起来比较容易。

第二，“不易的孩子”。不易的孩子经常苦恼、比较神经质，生活不规则。这些孩子不容易适应时间和环境的变化，父母也无法预测孩子的情绪变化。当“容易的孩子”哭闹的时候，父母比较容易判断是饿了、困了，还是疼了，并采取相应的办法，但“不易的孩子”哭闹的时候，难以预测和判断其原因。这些孩子自己的要求不容易被满足，或者怎么哄也一般不会停止哭闹，神经很敏感，一有风吹草动就受到影响，睡眠质量也不太好。对这种气质的孩子，照顾起来很不容易。

第三，“反应慢的孩子”。这种气质的孩子整个发育会比较慢一些，有时有消极的表现，但相比“不易的孩子”反应不太敏感，也不挑剔。整体上这种类型孩子的性格并不是积极外向的，而是感情或情绪比较低落的内向。

该研究结果显示，“容易的孩子”占40%，“不易的孩子”占10%，“反应慢的孩子”占15%。剩余35%的孩子是不属于上述三个类型或三种类型叠加表现。

有些儿童心理学家主张，孩子气质的形成受到妊娠期孕妇的营养和胎教等外部环境的影响，而有些学者认为，气质和性格是天生的。气质形成的原因并不重要，重要的是，父母要清楚自己孩子的气质，并且根据孩子的气质进行教育，制定应对方案。

孩子的气质逐渐表现为性格。依恋心理学家杰罗姆·凯根将孩子的性格分为外向型性格和内向型性格，及自我控制能力强的性格。当然，外向型性格和内向型性格都有各自的好坏，但根据杰罗姆·凯根的研究显示，外向型性格的孩子积极憧憬未来，对外面的世界有好奇心；而内向型性格孩子的特点是焦虑、不安、惊慌和害羞，还容易感到挫折。控制能力强的孩子特点是注意力集中、掌握情况和判断能力强、自制力也强。

总之，关于孩子气质和性格的形成原因，有遗传因素和天生的生物学因素，还有养育过程中父母和其他人的相互作用等不同因素。但是学界有共识，即，天生气质和后来学习形成的性格决定孩子的人格。问题的关键在于父母怎样引导孩子气质和性格的发展方向。

比如，如果你的孩子坐不住、注意力散漫，你为了把孩子培养成注意力集中、学习好的孩子，强行训练他坐到书桌前是不可取的。相反，注意观察孩子的优势，并指导孩子发扬自己的优势，孩子才能朝正确的方向发展。要认可孩子的气质和性格，与其改变孩子的缺点，不如发挥孩子的优点。如果，孩子有致命的缺点，那么要充分发挥其优点之后，再试图改善孩子的缺点。

让孩子心动的简单规律

我在美国读博士的时候买过二手钢琴。花了韩币 120 多万圆（约合人民币 7 千元，译者注），是不小的开销。还多花 300 多美元进行修理和调音。我不是学音乐的，一些邻里朋友都认为我太过于奢侈。

但是，钢琴在艰难的留学生活中给了我莫大的安慰。每当我边弹钢琴边唱歌，周围的人们也一起享受音乐，有人还有点羡慕我。我弹钢琴不是为了显摆自己，因为有了弹钢琴的快乐，我忘记了漫长留学生活的艰难。有一天，住在隔壁的韩国晚辈找我来，问练多长时间能达到像我一样边弹琴边唱歌的水平。我说，“是啊，每个人都不一样，但通常坚持练 2 ~ 3 年吧”。听完后，他多少有些失望。看来他熟悉韩国急功近利的文化。一旦熟悉速成班、短期班等短时间内完成课程的各种项目泛滥的韩国文化，就习惯于投资少产出多的结果。

当爸爸也是一样。周围很多人问我，学多长时间能当好爸爸，有没有短时间内成为好爸爸的方法等。我的结论是，没有天生的好爸爸，好爸爸是被打造出来的。多学习，多犯错误，在这过程中不断提高自己，才能成为好爸爸。这个过程如同通过反复的努力和反省最后修成正果的修炼过程。

几年前，和平放送出版了《红衣主教金寿焕的故事》，这本书里有一段关于戒烟的故事。

书的前言说，介绍 100% 能戒烟的方法，我便带着好奇心继续看下去。红衣教主小的时候是烟鬼，不知什么时候，他想到吸烟有害于健康，心理上也不愿意依赖吸烟，所以，决定戒烟了。用了很多方法，戒了很多次烟，但因为意志不坚强，都以失败而告终。最后，他介绍了他成功的方法，“就是戒烟”。原以为戒烟有特别的秘诀，有些失望，但一方面不得不承认这是非常正确的方法。屡次戒烟屡次失败的原因只有一个，是戒烟的愿望不强烈。成功戒烟的方法就是决心不抽并付诸行动即可。虽然方法很重要，但更重要的“行动的问题”。想要做什么，照做就行。

成为好爸爸也一样。很多育儿书籍各自介绍培养孩子的能力和情感的多种方法。书籍只能做向导，成不了实际行动。不能当好爸爸不是因为没有好方法，而是因为不行动起来。

想了解和掌握孩子的心，首先敞开自己的心扉。想跟孩子亲近，就和孩子一起玩儿。如果跟孩子发生矛盾，就后退一步，站在孩子的立场看问题。所有的这一切，说起来容易，做起来难。

没有必要纠缠养育标准

在美国费城市政厅大楼顶部有威廉·佩恩的铜像。1644 年，出生于封建领主家庭的威廉·佩恩是美国英属殖民地创始人之一。他开创了包括费拉德尔菲亚、宾夕法尼亚州和特拉华州，1681 年，欠他父亲债的英国国王查尔斯二世赐给了他大片土地。那些土地大部分是不毛之地。但是，他开发宾夕法尼亚州和特拉华州，完善法规和制度，为成立州政府立了显赫的功劳。可以说，他是宾夕法尼亚州的国王。虽然他逝世将近 300 年，但人们依然认为他是宾夕法尼亚州，特别是费拉德尔菲亚州的伟大先驱者。从以他的名字命名的“威廉佩恩大学”和“威廉佩恩基金会”，可以看到他在宾夕法尼亚州依然有强大的影响力。位于市政厅建筑顶端的铜像是从 1901 年开工，经过 7 年的施工，到了 1908 年才完工。1932 年之前，是世界上高度最高的铜像。铜像高 167 米，在费城市内任何地方都能看到铜像。1987 年为止，根据“君子协定”法律条文的规定，费城市所有建筑工程的建筑高度不超过铜像，方能办理施工许可。

很久以前，哥伦布第一次经过特拉华江从费城登陆美国。费城具有悠久的历史，过去南北战争时，费城是北军最大的基地，在此发表过独立宣宣言，从 1790 年到 1800 年，这 10 年间，费城又是美国的首都。另外，费城的炼油产业很发达，美国东部地区石油产量的 2/3 由费城提供，费城有可能成为美国心脏。但很不幸，如今费城被认为是美国衰落的城市之一。因为，费城没有继承和发展过去的历史、政治和经济遗产，是保守、繁琐的法规和引领变化、改革的领导者屈服于保守势力的结果。威廉佩恩铜像就是代表性的例子。因为有了市政府的严格和繁琐的规定，很多投资商放弃对费城的投资，把投资转移到了附近的纽约或投资环境良好的其他城市。纪念过去英雄的法规成了阻挠费城发展的绊脚石。如今，在费城比铜像更高的建筑有八个。

养育子女也如此。很多父母单方面规定养育标准，并强迫孩子遵照执行。当孩子被强迫执行自己不能接受的原则的时候，会增加孩子的反感，而且父母和子女之间容易产生矛盾。

2000 年，我担任幼儿教师，那时发生了这样的故事。37 名孩子在狭小的教室里学习和玩耍，教室总是被弄得乱七八糟。因此，让孩子们自己制定规则，孩子们承诺在教室里不乱跑，穿拖鞋不脚踩毯子，将自己读过的童话书或使用过的东西放回原处等。即便是孩子们自己制定的规则，他们也很容易忘记，或着如果没有遵守的必要性，规则就马上失去作用。分明已承诺穿拖鞋不脚踩毯子，但玩儿着玩儿着孩子们就已在毯子上面。不让生龙活虎的六岁孩子们跑动几乎是不可能的。有一天中午供餐时，一个男孩跑来跑去，不小心撞翻了海带汤桶，被烫伤了。马上把孩子送到医院，但伤势还是比较严重，万幸的是没烫到脸。

我回到幼儿园，坐在空教室里仔细思考。为了方便集体生活，孩子们和老师一起制定了规则，可是因为孩子们体力充沛和缺乏自我控制能力，又不能遵守规则，保障孩子们安全，提高教师效率的标准是什么？第二天，我们干脆把毯子给撤了，将毯子卷起来放在角落里，孩子们方便，我们也放心了。

后来，我成了两个孩子的爸爸，很多时候，幼儿教师的经历给我帮助。有一次，刚满一岁的老二总跟着三岁的老大，老大觉得很烦，边说“一边去”边用手推了老二，不太会走路的老二摔跟头撞到钢琴。孩子哇哇大哭，妻子大声训斥老大，“弟弟还小，不是告诉你小心了吗？快道歉！”。妈妈是在告诉老大“做错事要道歉”的一种规则。但是老大含着眼泪说“不！”。老大自己也大吃一惊，面对状况变现很惊慌。我再责备孩子，觉得不妥，我决定先缓和气氛。查看老二头，让妻子照看，我便带老大进浴室一起洗澡。浴池里放入孩子喜欢的玩具鸭子和船，快快乐乐把澡洗完。我给孩子身上抹了乳液又用棉花签擦了耳朵，帮他换睡衣后，我问他，跟妈妈和弟弟说不说晚安。等老大跟妈妈和弟弟依次拥抱的时候，我问“刚才弟弟因为你，摔倒哭了一场，现在道歉吗？”，老大想想自己的行为后，拥抱弟弟，说“对不起”。

无论是孩子还是大人，出现状况的时候，都具备发现状况的第六感觉。这叫状况思考技巧。说错话或做错事时，孩子自己首先察觉。但是，大部分父母拿出自己的养育标准来训斥孩子，“说，有没有错？爸爸不是告诉你不要那样做，没说过吗？是不是想挨揍？”。我看，把孩子逼到死角的父母，比做错事的孩子更有问题。

养育和教育孩子应该制定标准。但被其标准所捆住，将会失去很多其他价值。请更从容地对待养育标准。同时，实际发生情况，面对孩子的时候，应灵活使用该标准。

爸爸的第3个习惯

爸爸是伟大的未来学者

思考和计划孩子的未来，需要展望未来。爸爸不同于妈妈，有很固执的一面，不容易盲从教育潮流和方法。爸爸和孩子有共同的目的，就能带领孩子走向成功。请成为通过正面的鼓励发现孩子能力的伟大的未来学者。

需要做展望未来的练习

希望孩子成为什么样的人？所有的父母都希望自己的孩子健康成长，长大后做自己想做的事情，在某领域能得到认可，过着幸福生活。不仅如此，世上所有父母都希望孩子的生活比自己更好。

父母的愿望是美好的，但现实生活并不简单。于是，不少孩子没有梦想，连自己想做什么都不清楚。这是因为父母确信学习成绩决定孩子未来，而现有教育制度助长这些风气。还有一个重要的原因是，在每个家庭父母为孩子的未来所尽到的作用和责任程度。让孩子有什么梦想，给孩子展现什么样的未来，这是父母的责任，更是爸爸的责任。如果，爸爸满足于胸无大志的生活，那么，不可能培养孩子有远大理想。一定要记住，决定权在于爸爸。

我曾经工作过的幼儿园是以放学后组织很多校外活动而著称的。春天，带着学口琴的孩子参加世界口琴比赛。秋天，组织溜旱冰大会，年底在附近区政府优美的大厅召开音乐会。教孩子们大合唱，指导演奏竖笛的情景，如今还历历在目。春天组织妈妈们的课程，秋天是爸爸们的课程，定期参观景福宫、航空大学、博物馆、图书馆、消防队和警察局等，还到附近农村体验农活。

社会上对组织各种活动的幼儿园表示不同看法。一部分认为，组织的活动太多，孩子们无法消化，是为了宣传幼儿园的操作；另一部分则给予肯定，各种活动让孩子们有了丰富的经历。

刚开始我也认为不太合适，是幼儿园在执行各种学习班的功能。后来参加教学过程中，我改变了当初的想法。看到孩子们通过幼儿园的各种活动，积累丰富的经验，从此找到自己的优势，我意识到了幼儿期应该让孩子们看得更多，提供更多体验生活的机会。

通过唱歌、演奏乐器、画画、制造、积木和拼图、电脑、体育活动、植物栽培、养动物、读书、数字游戏和图形游戏等丰富的体验，孩子们发现自己独有的才能。为孩子们挑战崭新领域和尽情享受提供机会，并给予鼓励，这就是父母的作用。

蒙古人视力好是远近闻名。在草原和沙漠里生活，为了生存也只能提高视力了。祖祖代代随着季节的变化，带着家人和牛羊从一个地区转移到另一个地区，为了防止侵略者入侵要警戒，因此，总是要向远看。看得远，才能走远。看得远，才能预料和防范危险，并敢于作斗争。同样，爸爸要看得远，就能更好地为孩子准备未来，如果孩子遇到危险，可以提供必要的帮助。

我们往往把时间分为过去、现在和未来。过去是已经逝去的时间，现在是我们正在生活的时间，未来是即将来临的时间。可“现在”只是我们的规定而已，时间现在也不停地流失，恐怕比起未来“现在”更接近地未来吧。因此，爸爸作为家庭的重心，比起过去，更要关心现在，乃至准备未来。

举个例子，“爸爸参与的研究”中，有一项是成为好爸爸的因素，提问是“为孩子和家庭计划和准备未来吗？”。重要的是，制定人生的时间表，并在每个时期制定爸爸自己的目标，每年制定家庭目标。不一定制定详细计划，大致画出蓝图，清楚每个时期应该在哪里做什么。通过制定计划，学习解决所问题的智慧，预测即将到来的未来，在人生的的大潮流中，敢于面对目标。

最近，我有一位同事为了两个儿子搬到有好学校，又安全又安静的社区。我很佩服他制定了长达 20 年间的长远计划。这位教授离退休还有 20 年，这期间他的子女将陆续大学毕业。他尤其注重每个时期教孩子们的运动项目。他十岁的大儿子和八岁的老二，每周末都参加少年儿童足球俱乐部的运动。按不同年龄，他教孩子们游泳、网球、篮球、棒球等各种体育项目。另外，他们通过远程教育从音乐大学学习大提琴和钢琴。我问他孩子们对此烦不烦，他说，“我们的时代学习好就认为是人生成功，但我希望孩子们找到自己喜欢的事情，我只是向他们提供选项而已”。接着补充了一句，“我不会强迫孩子们做不愿意做的事情。还好，两个孩子都坦诚地跟我交流。也许是因为我认真听孩子们说话，尊重他们的意见吧。终有一天，孩子们独立，不再需要我。但我不觉得害怕，他们离开我之前，尽爸爸的责任，呵护孩子们，做好他们人生引路人，这就是我的任务。”

听到同事的话，我认为他是出色的爸爸。为孩子思考和计划未来，需要练习站得高、看得远。不一定只有物质上的支持，随时畅想孩子 10 年后、20 年后、30 年后的未来，思考现在该为孩子做什么。

爸爸的鼓励增进孩子的自信

孩子走正确的道路，父母理所当然地进行鼓励。不过，用什么方式怎样鼓励孩子，很多父母不知道其原则和方法。为了孩子的未来，父母应该怎么鼓励孩子？

增强孩子的自信，最好的名药就是爸爸的鼓励。爸爸鼓励孩子，孩子就有励志，励志进而转变为自信。下面，了解一下爸爸为孩子的成功未来要做的事情。

新生儿时期，孩子的发育目标集中在与父母建立互信上。这个时候，与父母成功建立互信的孩子，会试图逐渐离开父母的怀抱。这是学步阶段（12 ~ 36 个月前后）的情况。这时，有些父母担心，如果不能马上教育孩子，将来孩子不懂礼貌冒冒失失；有些父母则太迁就孩子，总说“是，是！好，好！”助长孩子撒娇。孩子在饭店或公共场所做出让人皱眉头的行动，这类型父母一般或沉默或哄孩子。总之，上述两种方法都不是教育子女正确的办法。

如果，孩子没有具备执著、意志和自主权，那么，很难成为成熟的社会一份子。如同双刃剑，过分压制孩子，孩子性格内向；而放任孩子，孩子就不懂规矩。

我在讲课时，讲到关于父母和老师的鼓励内容，经常引用下面的比喻。为了攀登世界最高峰珠穆朗玛峰，登山者们选择地形安全的地方建立大本营，而后，根据天气和周边情况再决定攻占顶峰的日期和时间。大本营里准备了通信设施、粮食和物品，还有急救医生。这是针对登山人员攀登顶峰时可能发生攀登失败，或遇难和受伤等危险做好充分的准备。养育子女的大本营是父母的基本信任和爱心。孩子离开大本营是追求自主权，通过刻苦努力寻找自我的旅行。因此，大本营如同孩子登峰失败时，随时回来治疗身心的休养地。这时，爸爸鼓励孩子说，“真是辛苦了。你已尽全力了。不要太在意结果，安心休息。以后，还有机会，下次再接着挑战！”孩子将得到新的勇气和力量。

许多孩子们聚在一起的幼儿园教室时常闹哄哄，弄得晕头转向。仔细观察孩子们玩耍的场面，貌似大家一起玩耍，其实他们是分几个玩耍小组。温泽尔和阿瑟在研究中，通过学校的关系，将小孩分成五个类型。

第一，“受欢迎的孩子”受到几乎所有孩子的关注和欢迎；第二，“平凡的孩子”受到一半左右的关心和欢迎；第三，“无人关心的孩子”几乎没能受到朋友的关心和关注，但并没有被讨厌和排斥；第四，“被拒绝的孩子”没能接受同龄人的关心和欢迎；第五，“有争议的孩子”同时受到欢迎和不欢迎。

担任幼儿教师的时候，我们班有一个女孩子就属于上述五个类型之第三种“无人关心的孩子”。她特别害羞，不太会说话，也没有突出的才能，在朋友当中没有好感。

有一天，我领着孩子们在位于幼儿园地下的体育馆搞体育活动。孩子们玩单杠、走平衡木、玩扔球游戏。当时，有个男孩提议，比一比谁抓单杠时间长。我在一旁用秒表比对时间。五周岁的孩子抓杠时间一般不超过 20 秒。体力好的一个男孩接近 40 秒，孩子们鼓掌叫好了。后来发生了让人惊讶的事情，安排在最后小组的那个女孩坚持了整整两分钟，而且是孩子们劝她下来的。孩子们和我都目瞪口呆了。不受朋友欢迎的孩子，无人关心的孩子一下子变成顶级明星。我写信给那个孩子的父母，希望他们鼓励孩子取得单杠比赛第一名。

从那天起，那个孩子变了。她找到自信，经常表达自己的想法，积极发表自己的意见，还当着朋友的面唱歌。如果，那个孩子没有找到发挥自己特长的机会，那么，班里孩子们和我早就忘记她的名字。

爸爸看子女，头脑要冷静，而心要热。以清醒的理性来判断子女的智力水平，找到适当的教育方法。妈妈一人养育孩子的时代已过去，如今的时代，爸爸应该为孩子的未来研究和实施“教育”规划。比起保障孩子的眼前，首先要鼓励孩子学会生活自立和独立生存。

如今，韩国的孩子很大程度地依赖他人和周边环境。这也许是从幼儿园到大学，父母和学校一直替孩子们安排好一切，还有死记硬背的学习文化所导致的结果。

因此，爸爸的作用尤其重要。只有父母才能近距离留心观察孩子的行为发育情况。其中爸爸可以扩展孩子的思考框架，以便孩子主动思考和行动。

首先，认真倾听孩子的想法，孩子的想法是正确的，那就给孩子机会，让他以自己的方式解决问题。刚开始需要忍耐和等待。比如，学校留了画肖像画或风景画的作业，可看到孩子在素描练习本上乱画，哪个父母能袖手旁观呢？但是，父母不能插手孩子做作业。因为，如果父母帮忙的作业拿了高分，还得到老师和朋友的赞扬，那么，以后孩子会一直依赖于父母。父母帮孩子做作业，貌似眼前的成绩提高，孩子也有自信，但对成长的孩子来说百害而无一益。

孩子不愿意画画，你可以带他到美术馆看画；孩子不会写读后感，可以和他一起读书，交流书里的关键词和主题思想，这种方式的鼓励和支持是可取的。如果孩子关心篮球或棒球，爸爸鼓励孩子最好的方法是跟孩子一起去体育场玩儿。在父母过度的保护下成长的孩子不相信自己的能力，遇到问题容易放弃。

没有经历过人生汹涌海浪的孩子是不能在茫茫大海中航行的。没能越过人生浪涛的船舶只会触礁搁浅。当孩子遇到大浪潮跌倒的时候，有爸爸的鼓励，就可以重新站起来。

希望自己的孩子在大海中开拓未知世界，你要当相信和激发孩子无限能力的爸爸。

表扬要具体，责备带鼓励

很多人认为鼓励孩子最好的方法是表扬。但不要以为不管孩子对错，无条件表扬就有效果。表扬也有法则，无原则的表扬是没有意义的。表扬的时候，应选择时机和方法，冷静地评价具体优点和缺点，这样对孩子才能有效果。

不合时宜和盲目的表扬不会有效果。美国明尼苏达大学教授埃利奥特·阿伦森对表扬与补偿进行研究。他将表扬和反馈的范畴分为四种，进行试验。第一，连续的赞扬；第二，连续的批评；第三，开始批评，最后鼓励和表扬；第四，开始表扬，最后批评。选择这四种框架，针对有这四种经历试验者，调查和研究表扬及批评所造成的结果。

调查结果显示，试验对象最喜欢有具体的批评、表扬和鼓励的方式。单一的表扬和批评没有得到试验对象的认可，他们认为，表扬要具体，批评要正确，而且还需要拿出对应方案。

连续重复表扬，刚开始也许高兴，但后来重复次数越多信赖也越低。不管孩子的行为，父母一味地表扬和鼓励他们，孩子认为那是一种习惯。不过，不分青红皂白，尖刻地批评孩子，也会给孩子造成伤害。最好的办法是做好了表扬，并鼓励孩子对于不足之处进行改进。

不久前，有一个学生来研究室找我。他是来和我算账的，他说，期末考试满分10分，他才得8分。看来他觉得自己尽最大的努力，成绩却没能达到逾期效果。首先，我说，你答题辛苦了，内容很有趣，主题选择也不错，让我一口气读完。主题是关于“十几岁未婚母亲养育孩子及困难”，其实，很多部分很有趣。当然，也有缺陷。我接着说，“你课题的理论背景和所引用的参考文献有点不足，尤其，在结论和建议部分，作者作为教师为单亲家庭中成长的孩子提出的建议不充分。对这些部分稍作修改，会是好文章”。我把仔细检查的答卷递给他。他点了点头，对我行礼，然后兴致勃勃地离开我的办公室。

表扬和鼓励要保持均衡，不能偏重于哪一方面。有利害关系的时候，表扬反而会带来尴尬。即便是真诚进行表扬，因其利害关系导致动机被怀疑。但是，父母和子女之间不存在利害关系。网上疯传一个笑话，提问：“爸爸为什么爱我？”孩子回答：“就是啊”。也许，这个孩子的答案是正确的，因为，父母对孩子的爱是无条件的爱。我认为，孩子出生的那一刻起，父母就被输入无条件爱护孩子的程序。

但不能无条件进行表扬。孩子做错事也理解和接受，这是不可取的。孩子做对事，应给予赞扬和鼓励，而孩子做错事，应该批评和责备。有人表扬自己的孩子，父母就 120% 的相信，这是父母容易掉进去的陷阱之一。换句话说，有人表扬自己的孩子，父母可以为他两肋插刀。因此，看自己的孩子需要适当的距离，要仔细左看右看。比起对表面情况的表扬，人们更喜欢对内容或结果细致的表扬。比如，表扬三岁小孩的时候说，“你今天听妈妈的话，谢谢你”。这种表扬效果不太好。说，“今天你把玩具让给弟弟，弟弟摔倒，你马上跑过去扶起来，我很感动，谢谢你”。孩子认为，这才是对他真正的表扬。

有一天，我感觉自己吃饭的儿子很懂事很可爱，情不自禁地说，“爸爸真高兴你是我的儿子”。没想到儿子马上回答说，“当爸爸的儿子我也很高兴”。表扬并不局限于高度评价对方的优点或好的结果，及时坦诚地表达自己的感受就是一种表扬。

表扬具有肯定对方的力量。如果认为对方很好，那么对方做什么都是好的。如果对他有好感，就要真诚相对。不要为了表扬而表扬，而是表达你深爱着他、关心他，对他一直有好感，这是可取的表扬方法。

爸爸独特的作用

大家还有恋爱的回忆吗？你们是怎么获得爱情果实的？有人是按照计划和剧本表白爱意，也有人是以突然、偶然的爱情告白使对方心动。在这两种情况中，人们选择哪一种情况更多呢？

我是选择了前者。第一次见到我妻子的时候，我就明确了结婚目标。我们谈恋爱的时间不长，我理所当然地求婚，我妻子也自然而然地接受我的求婚。认识妻子两个月左右的时候，我们已经开始规划未来，结婚后生几个孩子，怎样养育他们。只要有明确的目标，一定能找到实现目标的方法。

考大学的时候，我要报考幼儿教育系，别说是高中班主任，连家里的人也用奇怪的眼神看我。他们对一个男人要报考大部分是女性去的幼儿教育系表示不可理解。考上大学后，我妈开玩笑说，让我干脆穿裙子扎个辫。上高中为止，我是看似鲁莽、有阳刚之气的男性，所以人们对我选择与男子汉性格反差很大的专业，觉得更奇怪。我想走别人不走的路，并证明这个选择是对的。写入学登记表的时候，在未来计划栏里填写了大学教授，引起了同学和朋友的嘲笑。

开始学习幼儿教育学，我感受到和过去我的生活模式完全不同的文化冲击。上了二年级，我积极参加学生会和社团活动，为的是克服困难、适应环境。服完兵役回到学校后，我感觉更艰难更孤独。我偶尔对师妹师弟指点和训斥，但他们都不高兴。雪上加霜，期末成绩也很糟糕，在三年级学生总数 30 名中，我排名第 28 位。那时公开考试名次，师妹师弟们在背后议论我自以为是，我活该。这件事对我的打击太大，以至于我认真考虑转科。

后来，我回忆当初选择学习幼儿教育学的初衷，想起我的梦想。最后，我当了幼儿教育学系的教授。可以说，终于实现了23年前填写在入学登记表的愿望。因为，有一个有明确坚定的目标，我可以按照剧本走向我的人生。

爸爸是关于人生目标的专家。因为爸爸具有回顾过去的能力、反思内心的能力和展望未来的能力。这是“研究爸爸”的学者的共同看法。大部分爸爸不同于妈妈，都比较固执，不卷入教育潮流和教育方法的漩涡。爸爸们很了解自己的孩子，并清楚自己的孩子做什么才幸福，所以，不被一时的变化所动。只是纠结于孩子想做的事情和自己所希望人生之间。

这就需要爸爸的独特作用。放弃自己愿望，帮助孩子做他真正愿意做的事情时，孩子才能正确走向自己的未来。这就是爸爸的作用。虽然学校和单位最看中个人的实力或能力，但爸爸的最高标准是毅力、魄力和挑战精神。只要爸爸和孩子有共同的目标，相信引导孩子走向成功的人生道路。只是达到目的需要时间，在这过程中，父母要耐心等待。

有这样一句话，“孩子不听父母的话，只是跟随父母行动而已”。孩子从爸爸的一次行动受到的影响比一百句话还要大。特别是在养育子女方面，爸爸应始终按照明确目的而行动。这如同大脑装着乐谱，领导交响乐团的指挥。

当好为孩子阅读的爸爸

很多爸爸们觉得很吃力的一件事是和孩子一起阅读。直到现在几乎没有为别人读过书的经历，因此，觉得更费力。再说，为孩子读童话书的时候，根据书中的不同人物，发出不同的声音和音调，读起来要有滋有味，感觉压力更大。可是，爸爸和孩子一起阅读的优点很多。

前不久，针对特拉华州大学附属幼儿园的孩子的爸爸，进行一项关于“美国爸爸参与养育及儿童发育”的研究。向参加研究的美国爸爸提出问题，“对您孩子的发育和成长最重要的是什么？”大多数的爸爸回答是“完成学习目标”。还有爸爸认为，最重要的是认知能力，特别是“合适孩子发育标准的能力”。

绝大多数爸爸希望自己的孩子性格开朗、茁壮成长。为此，搬到有好学校的社区居住，为寻找适合自己孩子的学校和老师花费很多时间。相反，很多爸爸不知道与这种外部环境相比，爸爸和孩子一起看书可以更有效地发掘孩子的潜力。每天在规定时间，和孩子一起阅读，和孩子交流，讲爸爸小时候的故事，孩子可以接受在学校学不到的活生生的教育。

爸爸和孩子一起阅读有下面几个好处。

第一，阅读让爸爸和孩子的关系更加密切。通常爸爸和孩子玩耍，不喜欢静，而喜欢动。孩子非常喜欢和爸爸有肢体接触，比如，骑爸爸脖子、一起走路、一起跑步、一起打滚儿、打棒球、一起游泳和一起骑自行车等。这种动态交流最能加强父子之间身体上的纽带。同时，为了孩子均衡发育，也需要进行静态活动。最具代表性的静态活动就是一起阅读。近距离听到爸爸读书的声音，孩子开始和爸爸分享情感。孩子和爸爸之间的情感分享是与身体纽带并行的密切关系。

第二，阅读是语言发达的里程碑。根据语言心理学者诺姆·乔姆斯基的理论，所有孩子出生时已搭载被编程的语言学习装置，而幼儿期是语言学习装置最活跃的时期。这时，孩子自动学习已输入的语言经验（词语、音韵、语序、音调、语法）。这种语言经验是语言发育体系的基础，它的能力很强，可以影响孩子的一生。接着，孩子的认知能力（数理、逻辑、科学思考等）也得到发育，为顺利进入社会做准备。请记住，孩子语言能力发育的顺序为听、说、读和写。因此，理所当然的顺序是，爸爸陪孩子阅读，互相交流，然后为孩子提供培养读写能力的机会。

第三，阅读是说话的前提。充分表达自己的想法，是学业和生活中必须的语言技巧。我三岁的大儿子还不认几个字，可很会阅读，文章结构也不错，还会讲完整的故事。我们躺在一张床上，他翻着童话书，指着文字说明给我讲故事。这叫假装阅读。虽然还不认字，但在过去三年中，听妈妈和爸爸讲故事，一起看童话书，孩子自己会编故事并把它讲出来。

第四，阅读可以加强沟通能力。一周岁的孩子开始发出有意义的声音。从咿呀学语阶段到自言自语阶段，从一个单词的文章到两个单词的文章，之后发展到完整的文章为止，孩子的沟通能力不断得到发育。在阅读的过程中，孩子通过和爸爸交流，自然而然地开口说话。孩子跟爸爸讲在幼儿园发生的故事，和朋友的故事，逐步扩大交流的深度广度。同样，爸爸自然也跟孩子讲在单位发生的事情。在这过程中，爸爸进一步认识孩子的世界，孩子也逐渐了解爸爸的世界。总所周知，培养孩子充分表达自己的心情和感觉，准确向对方传达自己喜好的能力很重要。这就是陪孩子阅读的最大好处。

第五，在丰富的故事中经历丰富的人生。孩子阅读的书中，会出现各种人物和角色。在书中孩子遇见很多人。孩子注意观察书里的那些人物怎么说话，又怎么表现情感，还学习遇到矛盾或面临危机时，书中人物解决问题、消除矛盾的方法。同时，为主人公的成功而欢呼，也为主人公的失败而悲伤。孩子对故事情节发展产生共鸣，并领悟到时间的流逝和故事的逻辑。

除了童话书，通过阅读带有动植物和昆虫照片的科学童话书，孩子开始认识从未见过的动植物世界。通过看这些书，孩子学习同其他故事书不同的人生和自然，比如，知道动植物和人类的区别，也了解出生、生长和死亡的过程。

到动物园或植物园玩儿的时候，遇见曾经在书里看到过的内容，孩子很高兴也很欢喜。并且，逐渐理解人类与天、太阳、月亮、星星、云彩、风、雨、空气、水、土等跟大自然一起和谐生存的真理。

艾里希·弗洛姆说，对他影响最大的，是在一个温暖的春天，父亲坐在窗前摇椅上看书的幸福的样子。他一生都不能忘记，在受到德国残酷迫害的战时情况下，看书的时候，偶尔仰望天空，露出幸福微笑的爸爸。父亲对他说，“将来你肯定成为优秀的人才，因为你有敏锐的头脑，还具备阅读的好习惯”。艾里希·弗洛姆一辈子铭记父亲的这句话。

孩子看到多少说多少，自己经历多少便理解多少。有付出才有收获是真理。在爸爸的声音和爸爸讲的故事里，隐藏着在这世上最强大的力量。在爸爸读童话书时候，孩子培育无限的想象力和未来的梦想。这就是爸爸给孩子最好的礼物之一。

爸爸的第4个习惯

爸爸无法逃避的命运

所有爸爸都有苦恼。因工作忙没时间照顾家庭，可妻子又希望丈夫为家庭奉献。这时，爸爸需要什么样的呵护技巧呢？当孩子选错路的时候，怎么使用比妈妈的唠叨更有效的爸爸的话语呢？

爸爸所需要的呵护技巧

布谷鸟是以在其他鸟窝里下蛋而出名。布谷鸟飞到其他鸟的鸟窝里下完蛋，而后若无其事地离开那里。跟其他鸟蛋一起孵化出来的小布谷鸟误把其他鸟当成自己的妈妈，跟她过一辈子。每次看到有关弃婴的新闻，面对不负责任的父母，我就想起这布谷鸟的综合症。

除了像布谷鸟一样弃婴之外，不少家庭明明有爸爸，但在孩子们的生活中却没有爸爸的存在。这些爸爸是可有可无的存在。在美国，这种情况称之为“没有爸爸的家庭”。这些家庭的爸爸形式上维持家庭和婚姻关系，但实际上没有尽到父亲的责任。他们大多怀念自由的单身生活，虽然跟妻子和孩子们生活在同一个屋檐下，但仍然企图坚守婚前的生活习惯。当了爸爸，生活不能像以前一样为所欲为。当妈妈也如此，接二连三地出现为家庭忍耐和需要让步的事情。不过，把生活的模式改变成“家庭中心”，可以共同分享很多欢乐和有意义的事情。

多年没有见面的一位前辈跟我说，“结了婚，你变了”。我在琢磨他是褒义还是贬义的时候，他补充一句，“人应该始终如一……”看来前辈是看不惯我的变化。据说，他的结婚生活并不美满，和妻子冲突不断，他没有改变婚前的生活习惯，尤其不重视尽爸爸的责任。结婚前，他常常喝酒喝到深夜，定期跟朋友一起赌博，还参加打高尔夫球和钓鱼等多种业余活动。问题的关键是，结婚后他还坚持婚前这些习惯。他还公开表露自己的不满，说他和妻子进行的共同活动只有一项，就是睡觉。“兴趣、宗教、政治观点上，我和我妻子没有一点相同，我喜欢运动，而她不喜欢出汗；她没有酒量，连喝酒聊天的机会都没有；政治观点不同，一到选举我们都保持沉默；她总是唠叨我不陪孩子玩；她做的饭菜也不合我口味……”他的不满没完没了。

我实在听不下去，插了一句，“前辈，我提个建议，不要总想和同事或朋友一起活动，试着找一下可以同嫂子和孩子一起分享的活动，也许可以解决您和嫂子之间不少问题。”不过，对于我的建议，前辈似听非听，没有任何回应。看来他还没有做好听劝的准备，我只好强作笑脸说了一句，“前辈真是始终如一啊”。希望他理解“始终如一”的内涵。

“始终如一”的定义是，指在任何环境下始终坚持正确的生活习惯或思维方式，这时才是褒义的。在客观压力下改变信念是错误的，不过，对于错误，应该通过变化试图改正错误，我们的人生才能走向成功。根据身边环境和情况，应改变生活方式。婚前和婚后生活怎么能相同呢？当爸爸前后的生活也怎能一样呢？

身为人夫、身为人父后，原本以我为中心的生活发生了变化，家庭成了我的生活重心。我一直努力寻找能同妻子和孩子一起进行的活动，这是我应该做的。因为，如今我不是一个人吃饱，全家不饿，而是领导几口人的一家之主。我喜欢游泳、高尔夫球和棒球等运动，但暂时不做这些运动，等孩子们长大了准备一起去做。

很遗憾，如今离婚率越来越高。网络媒体或文艺节目中少不了艺人的离婚消息。据说，除配偶卷入经济纠纷外，离婚的主要理由是性格不和引起的矛盾。如果，性格不和就提出离婚的话，这世上没有不分手的情侣。只是表面上说性格不和，但夫妻之间隐藏着第三者无法了解的各种矛盾。比如，配偶有外遇、养育子女问题、对分担家务的不满、和婆家或娘家人不合等。

配偶为什么有外遇？艾伦·伯切德等大脑生理学者主张，我们的爱情由刺激脑神经的激素来控制。男女遇到异性，相互被吸引的时候，是分泌的多巴胺让人心动。多巴胺的作用是刺激大脑，让人感到快感和幸福，并坠入到爱河，欲望涌动。怦然心动的这个时期就是爱情的第一阶段，叫“仰慕之爱”阶段。有学者称之为“伴侣之爱”。这时期的特点是，愿意靠近对方，盼望进一步发展关系，自愿关怀对方。在这个时期，爱得越深，对爱的渴望就越大。

之后是“浪漫之爱”阶段，这个时期确认恋爱关系。这个时期是“热情之爱”的前阶段，一刻也不愿意离开对方，时刻想念对方。这种想念来源于大脑分泌的苯基乙胺，是它控制情欲，使人产生肢体接触的愿望。

最后是通过“性爱”分享肉体爱情的阶段。在这个时期，性需求达到顶峰，只是这种情感包含着惊慌、愤怒、喜悦、猜忌、嫉妒等属性。控制这种性爱的激素就是催生素。奇妙的是催生素具有比毒品更强的中毒性。所以，性爱欲望强烈的时候，理性几乎被麻痹，达到醉生梦死的境界。

不过，很遗憾，上述三种激素过了600天（大约两年）就停止分泌。当然，不同的人和不同情况，长短有所不同，但绝大部分属于这种情况。对于有孩子的夫妻来说，这三种激素消失得更快。只是，哺乳期的妈妈的身体还在不断地分泌少量的催生素。妻子还在分泌催生素，可丈夫已不再分泌催生素。因此，认为夫妻之间再也谈不上爱情，怀念昔日的爱情，渴望砰然心动的爱情多巴胺。并不是所有的夫妻都如此，很多夫妻的离婚是从因为配偶有外遇。如果，一位爸爸跟妻子无话可说，不重视养育子女，愿意在外寻欢作乐，晚上很晚才回家，那么，悲剧即将降临。

然而，从沃尔夫·苛勒博士和其他心理学家发表的关于中年期激素变化的论文，我们可以发现有趣的事实。积极参与妻子分娩的爸爸和坚持和子女进行交流的爸爸得抑郁症的比率低，而且认知能力也远高于其他爸爸。不仅如此，对婚姻生活的满足度也高，因为他们身上继续分泌多巴胺和催生素等激素。

根据耶鲁大学心理学教授罗伯特·斯腾伯格开发的“爱情三角形”模型，爸爸之爱升华为圆满之爱，需要协调和融合三种元素。其三种元素就是激情、亲密和承诺。而且，需要爸爸付出时间和努力，始终如一的爱，还有尽职尽责的决心。

打是亲骂是爱的体罚陷阱

英文俗话说，“舍不得打孩子，就惯坏孩子”。《圣经》也有这样一段话，“不要放过孩子犯错。进行体罚，孩子不会死，体罚终究将孩子从死亡（错误的道路）的泥潭中救出。”古今中外，体罚一直是养育子女的主要手段。性本恶，人类需要教育，相信，通过体罚能使人走上正确的道路。

中世纪，孩子被称为“小圣人”，孩子犯错，进行同大人相同的体罚。即使实施家暴导致孩子死亡，其父母也不用受罚，很多孩子参加生产劳动。没有法律禁止孩子饮酒和吸烟，女孩子还被迫卖淫。这是儿童人权彻底被践踏的时代。打就挨揍，杀就得死。对儿童的这种错误的传统一直蔓延到 19 世纪前叶。严重的是现代化和产业化进程中，这种传统没能被改善，而让人更加惊讶的是，如今，不仅在非洲和东南亚一些国家，还有很多发达国家存在人权死角地带，而这里的儿童依然被摧残。偶尔媒体报道，女孩子长达几十年的时间里被继父或亲生父亲强暴的事情，每每听到这些让人毛骨悚然的事件，都让人对这个社会的前景存有疑虑。

在“训育”的幌子下，所实施的暴力包括被称为“打是亲”的打屁股，对人身的训育，以及人身虐待。而这些不同的行为存在明显的差别。西方的“打是亲”是指孩子犯错时，为了让孩子知错，用手掌或宽而扁的木棍用力打屁股。人身训育的概念和“打是亲”类似，不过，其目的和强度不同，人身训育的目的是让孩子在挨打中反省错误，打的强度更大，打的部位也不局限于屁股，对身体的各部位加以攻击。人身虐待指各种可怕的暴力行为，大人用手脚殴打孩子，外加棍子、鞭子和腰带等工具，甚至用烟头烫孩子的身体。

问题是打屁股或人身训育的效果。我曾经对听我课（儿童发育和父母－子女关系）的 50 多名大学生进行调查，小时候父母有没有训育或体罚过他们，结果，小时候受到父母体罚的学生占 40% 以上。其中，绝大部分学生认为体罚就是人身虐待。值得关注的特点是，受到父母训育或体罚的学生中，男生明显多于女生。

根据经历人身训育和体罚的学生的感受，受到体罚时认错是暂时的，随着体罚强度的提高，越来越感到反感、害怕、恐惧、委屈，还产生报复心理等。我的美国学生认为，体罚就是虐待，根本不是教育的手段。从此，可以证明体罚是错误的训育方式。实施体罚的过程中，父母有可能失去理智，不知不觉中加大体罚强度，体罚的这种副作用对父母和子女都会造成严重的创伤。

不仅是我的上一代人，连我的同辈人也都在父母的体罚中度过童年。我也差不多。父亲说他是用爱心、牺牲、祈祷和泪水养育了我们，我记忆当中父亲是害怕和恐惧的代名词。父亲打我耳光，还用棍子、绳子、管子和扫帚打我情景，现在还历历在目。如果我没有学习幼儿教育学，不懂儿童的发育和心理，那么，十有八九我也对孩子进行体罚。

有一次，我到在韩国某航空公司上班的前辈家做客。他五、六岁的儿子欺负比他大两岁的姐姐，弄得姐姐哇哇大哭。前辈马上把儿子叫到跟前说，“咬紧你的牙”，而后用力打孩子耳光。被掮两巴掌的儿子大哭起来，前辈说，“男子汉掉眼泪？不要哭！”说完又接着打耳光。我很震惊，心里也不好受，就找个借口带前辈出房门。坐在公寓前的长椅上，我问清事情原委后说，完全可以有话好好说，为什么体罚孩子。前辈的气还没消，“那小子欺负姐姐不是一两次。太不像话！长大了想干什么……”。据说，前辈的父亲出生在北边，背井离乡的父亲对前辈很严格，一直受到“男子汉要坚强、有胆识、有度量”式的教育和训育。毋庸置疑，前辈小时候，他父亲也进行过严厉的体罚。而他将父亲传给他的体罚，原封不动地再传给他的儿子。

最近，那位前辈准备攻读博士。现在他在某学校讲课，他希望得到博士学位后当大学教师。看来错误的体罚传说可能与学历和社会地位没有直接关系。

根据体罚效果的最新研究，负面影响远大于正面影响。如果实施体罚是为了纠正孩子的错误，孩子所犯的错误越来越大的时候，那么，除了逐渐提高体罚强度，没有其他方法。这正说明体罚的局限性。孩子犯错后，首先自己觉察到错误。所以，有一点耐心就可以用交流来解决问题。体罚最大的缺点是，打垮孩子内在的励志心理框架。在体罚中长大的孩子，性格被动和消极，受到环境影响容易退缩。

约翰霍普金斯大学社会福利系针对受到子女虐待的老人进行一项调查，主要调查内容中第一个问题是，“您的子女小时候，体罚过吗？”。结果令人出乎意料，73% 的老人回答“是”。第二个问题是，“您觉得您的子女在报复吗？”被调查者回答“是”。过去，父母对子女进行的体罚和虐待，过了几十年后，再回到已变老的父母身上。在美国门户网站“Killed mothers”或“children who killed father”搜索，子女杀害父母的事件数不清。今天，如果你虐待你的孩子，不久的将来你有可能被同样的方法受到虐待。这悲剧的种子在我们这一辈全都收回，希望不要再生根发芽。

在任何情况下，都不能允许、也不能容忍体罚。语言暴力也是一样，有时候，语言暴力比体罚更加伤害对方。今天，孩子的“未来”在爸爸对孩子说的语言中成长，今天爸爸的行动就会变成将来孩子的行动。因为，种瓜得瓜，种豆得豆，这是生活的法则真理。

爸爸的祝福，爸爸的诅咒

有句话说，“一个爸爸超过一百个师父”。说明爸爸的影响力之大，实际上对孩子的成长起到决定性作用的就是爸爸。因为，爸爸是引导家庭这条船成功抵达幸福彼岸的船长。不仅如此，爸爸还起到连接上一代和下一代桥梁作用。这意味着，爸爸拥有连接过去、现在和未来的力量。比如，孩子长大结婚有了孩子，就产生和自己爸爸一样发挥“爸爸”作用的本能。如果，爸爸的记忆是负面的，就采取跟爸爸相反的养育办法；爸爸正面记忆越多，更多采用爸爸的养育办法。不过，所有父亲有共性，就是努力将从上一代传承下来的文化和精神遗产传授给下一代。小时候在什么样的爸爸膝下经历了什么，决定大家的现在和的子女的未来。

在大学，每次讲“爸爸的影响力”的时候，我经常引用约拿单·爱德华兹和祖克士的故事。这是以鲜明的对比说明爸爸可以为子孙后代带来祝福和繁荣，也可以种下诅咒和悲剧种子的典型例子。据罗伯特·弗里克和凯尼斯·明珂玛的记载，17 世纪，约拿单·爱德华兹的家族为了躲避对清教徒的迫害，和其他清教徒一起从英国到了美国。约拿单·爱德华兹从小对教育、哲学和神学感兴趣，以优异的成绩毕业于美国东部的常青藤盟校之一的耶鲁大学，后来担任过普林斯顿大学校长。他始终认为爱心和智慧是拉动人生成功的两个轮子。

那么，后人为什么把他当成出色爸爸的典范呢？在他离开人世后的 200 年间，从他的子孙成为社会名人的记录上可以找到答案。根据实际调查，他的子孙中有 1 位美国总统、1 位副总统、1

位英国首相、3 位州长、13 位大学校长、3 位国会议员、2 位市长、65 位法官、80 位律师、100 位教授和 300 位名神职人员。

为什么他的家族如此兴旺？据说，约拿单·爱德华兹很早就认识教育的重要性，尊重孩子的人格。夫妻带领全家族学习圣经，重点进行读书和朗读教育，家里始终充满学习的气氛。尽家长责任的同时，诚实对待自己的事业，主动完成自己的工作，以身作则，成为孩子的榜样。约拿单·爱德华兹家族的家训是，遵守正直和正确的道德标准，鼓励孩子进行交流时，坦率和正直的表达自己的想法。还有记载说，约拿单·爱德华兹教育孩子要珍惜未来的梦想和前途，还跟孩子们一起讨论包括政治、社会、文化等各个领域的内容。有时，约拿单·爱德华兹是严格和稳重的父亲，但平时喜欢开玩笑，和孩子们打成一片，如同朋友。同时，只要是为了孩子的教育，不遗余力的和全家人一起创造良好的环境。

相反，臭名昭著的罪犯纽约祖克士家族，是一个爸爸把子女的生活彻底带到失败和挫折泥潭的典型代表。祖克士和五位亲姐姐发生关系，生了几个孩子，其中的五个儿子通过近亲通奸、近亲强奸、近亲结婚等方式又生了很多孩子。在这个家族里根本不存在最基本的家庭伦理道德标准。祖克士经常迷恋于酒精、毒品和赌博，是一个生活腐败、有暴力倾向的一家之主的典型。祖克士根本不关心孩子的教育，也经常殴打几位妻子。他虐待和不关心自己的孩子，他的孩子长大之后也成为和他一样的人。其结果，祖克士的子孙中，310 位乞丐死在户外，440 位吸毒或酒精中毒，150 位平均坐牢 13 年，其中 7 位以杀人罪被枪决，60 位惯盗一辈子进出监狱，100 位患精神病疾，死在精神病院，190 位女性子孙一辈子在街头卖淫。

通过这两家族的显明对比，人们充分了解爸爸的重要性。当然，有献身精神的好爸爸教育出来的孩子也并不是都成功。

同样，在坏爸爸底下长大的孩子也不是都成失败者。虽然没有记载，约拿单·爱德华兹的家族中也会有失败的子孙，祖克士的家族中也有比较成功的后代，只是被掩埋在黑暗的家族史中。通过这两个家族的故事，我们要记住，爸爸既可以给祝福，又可以诅咒，爸爸具有强大的影响力。

小小关怀带来惊人的变化

“关怀”和“考虑”的差别在于行动的主体。“考虑一下”是站在自己的立场看对方，“给你关怀”有为对方用心和奉献的含义。养育孩子要重视“关怀”，是因为观察孩子的个性和才能在先，父母根据孩子的情况提供支持在后。

让·皮亚杰将以自己为中心的想法命名为“自我中心”或“自己中心”。意思是“这世上的一切都为我所用”。婴儿期的孩子身上最能表现出明显的自我中心的想法，而通过青春期，成年之后有意无意间也表露其现象。自我中心性得到正面发展，孩子有主见敢于发表自己的意见，相反，过分重视自我中心性，孩子就会变得很自私。长大后具备对自己和他人见解进行协调与妥协的均衡社会心理技巧，不要一味地强调自己，而要承认对方的顺序并耐心等待，多做这种相互作用的练习。

大部分父母没有考虑孩子的心理状态和标准，以自己的成见和价值观评价孩子，并提出建议。很多时候，我也试图以我自己的道德和社会尺度教育孩子。

有一天，我大儿子突然闹起来，说不想去幼儿园。当时，妻子已上班，我还要看学生的期末考卷。情急之下，我没有问原由，就说，“爸爸今天要做好多事情，希望你去幼儿园”。理应首先观察孩子的想法，了解他为什么不愿意去幼儿园，不去幼儿园想干什么，不过，我以忙为借口省略了这个过程。孩子开始哭闹，我才知道不对。虽然已经晚一步，我还是看着孩子的眼睛问，能不能告诉爸爸为什么不愿意去幼儿园，心平气和地听孩子说想说的话。

原来因为花粉过敏，孩子不愿意去幼儿园。过敏引起眼睛肿、皮肤痒，前一天晚上吃了药，第二天起床肚子不舒服。我儿子的幼儿园位于费城市中心，周边环境不太好。孩子不愿意在一个没有像样的运动场，不具备游乐设施的封闭空间度过。何况身体不适，他想跟爸爸一起到附近公园去玩儿一天。我改变主意，先把自己的事情往后推一推，决定陪孩子玩儿。

生活中随时出现这种情况。希望每一个爸爸认真想一想自己是不是真正首先关怀孩子。

传授亲近大自然的秘诀

最近，在韩国有几个项目很受幼儿教育界的欢迎，其中一个是“森林幼儿园”和“生态幼儿教育”。这个项目定期带幼儿园的孩子们离开市中心到农村或森林茂盛的大自然中去旅行。

虽然时间很段，孩子们可以离开高楼林立的城市环境，不听妈妈的唠叨，放开学习的压力，近距离接触新鲜的空气，清凉的水，温暖的阳光，凉爽的风。在生态体验场地，孩子们还亲眼观察之前只在书上看过的动植物和昆虫，逐渐悟出生命各自的含义；或做纸船放在水里，或爬到树上；在河边堆沙子和戏水；捡树叶和树枝制作自己的作品；躺在500年树龄的大树下，听老师读童话书。这就是该项目的活动内容。

其实，早在几百年前，亨利·卢梭、福禄培尔和裴斯泰洛奇已经强调这种幼儿教育方式。人类离开大自然不能生存，通过这种活动，孩子们学习人类与大自然和谐生存的办法。东方道教思想也曾经强调多这种价值观。

据说，最近热播的电视节目“爸爸！去哪儿？”很受欢迎。几位有名的演员、主持人和运动员出身的爸爸带自己的孩子到全国各地，节目如实展现他们在各地经历的事情。主要内容是爸爸跟孩子一起采购，一起做饭，过快乐的日子。这过程中，孩子仔细观察爸爸慈祥和关怀备至的行动，并模仿爸爸。这个节目的亮点是，离开孩子们压力山大的学习环境和爸爸们累死人的工作环境，在大自然中享受休息，尽享自由。看到参与节目的爸爸和孩子恢复身心健康，父子关系更加密切，观众的心情也变得热乎乎。

如今，孩子们的缺点是没有冒险和挑战精神。社会环境险恶，儿童要注意的事情很多。比如，小心陌生人，不能玩危险的游戏，不能去不熟悉的地方等等。所以，带孩子冒着危险，勇敢去实践，是一件并不容易的事情。

同时，没有父母希望自己的子女成为温室里的花朵，有依赖性的孩子。在这个时候，爸爸的作用和形象尤其突出。韩国健康的男性公民都服兵役，韩国男人的潜意识里存有无数次抗敌的坚韧本色。在这种意识和经验的基础上，跟孩子一起钓鱼、登山、野营，传授爸爸自己的生活诀窍。作为一个国家堂堂正正的男性公民，一个家庭值得信赖的爸爸，面对大自然展现出刚直不阿的形象，这是爸爸留给孩子最好的遗产。

爸爸的第 5 个习惯

每天 10 分钟，爸爸是超级淘气鬼

孩子们通过游戏学习新的知识，丰富情感世界。在玩游戏的过程中，学习相互关系和作用。每天 10 分钟也好，跟孩子一起玩耍。爸爸是世上最踏实的游戏场。

爸爸是世上最踏实的游戏场

孩子们总感觉缺少爸爸的关心和呵护。这也许是现代社会结构所造成的。爸爸们通常从周一到周五都要上班，有时，连周末也从早到晚在单位忙于工作。

膝下有幼儿期孩子的爸爸，年龄一般是三十出头到四十左右，这正是工作上需要上进的时期，比任何时候都要积极和认真，全身心地投入到工作当中。不仅要做好自己的本职工作，还处于承上启下的位置，处理好上级、同事、下属、顾客关系。有时候，同事和人际关系的矛盾压力比工作压力还大。在韩国，如果想构建自己的人际网络，进入领导岗位，不仅要具备基本的业务能力，还要积极参加单位的每一次聚餐，业绩也要突出。

不仅如此，对爸爸的要求越来越高。作为一家之主，还要尽到抚养义务，分担家务，共同养育子女。妻子唠叨对自己的爱不如从前，每天数落一番，让我多陪孩子。到了周末，不让呆在家里，要么带孩子到附近公园去玩儿，要么带孩子去洗澡。还没完，需要问候年老的父母和老丈人、丈母娘，处理家里的大小事务，参加单位同事的红白喜事等，都要面面俱到，忙得四脚朝天。如今，当爸爸的确不容易。

如此繁忙，孩子跟爸爸在一起的时间自然就变少了。孩子最需要爸爸的时期，正是爸爸最忙的时期，是这个时代的一种悲剧。

那么，爸爸什么时候参与养育孩子呢?

爸爸越早参与育儿越好。1997 年，约翰霍普金斯大学医科学院针对妈妈分娩时在她身边的爸爸和不在身边的爸爸进行调查。

调查结果显示，参与分娩的爸爸在孩子出生之后，在家陪孩子玩耍的时间更多，依恋分数也高于不参与分娩的爸爸。根据调查结果，早期参与养育活动的爸爸和配偶之间的关系更密切。

根据约翰·鲍比的依恋理论，所有动物为了生存，同主要养育者建立依恋关系，因为，生存的本能起因于妈妈的保护。尤其是，初期的依恋对象的形象最为强烈，称之为“印刻”。孩子出生后，离开妈妈爸爸一段时间，等于孩子在人生初期，就失去作为依恋对象的妈妈爸爸。因此，孩子出生的瞬间，开始吃奶的时候，换尿布洗澡的时候，爸爸都要和孩子在一起。这就是坚守爸爸地位的开始。

刚出生的时候，孩子和父母之间的依恋程度，决定孩子的未来。对孩子设定人生容器的大小，爸爸起到决定性作用，一旦容器的大小确定，里面放什么东西是孩子的事情。到这时候，妈妈的作用更为重要。设定大容器、范围广的孩子自然对生活毫无畏惧，被编程无限扩大和成长的潜力指数很高的孩子。

自古以来，韩国是家和单位距离比较近的农业社会为基础，崇尚儒家传统的家长制社会。同孩子和爸爸之间很近的物理距离成正比，双方心里距离也很近。当时，爸爸有一家之主的权威，是威严的代名词。后来，在西欧文化的影响下，随着产业化和民主化进程的推进，家庭结构发生变化，大家族被小家庭替代。随着双职工家庭的增加，爸爸的经济影响力和权威也变得几乎全无。为了在这竞争激烈的社会上生存，爸爸更重视工作，社会上的成功被认为是爸爸的最高价值。

如今是虽然有爸爸，但爸爸不能发挥作用的时代，是丧失父性的时代。幼儿园是清一色的女老师，小学也大部分是女老师，这种缺乏男性榜样的学校文化，导致性认同的不均衡。离婚家庭和单亲家庭问题成了社会焦点，爸爸的作用和爸爸参与育儿问题从新备受关注。

我当幼儿教师的那几年，最高兴的是渴望爸爸的幼儿园孩子和希望我弥补爸爸空缺的诸位母亲。到了今天，我还清楚地记得，我第一天到幼儿园上班的情景。我出现在幼儿教室，第一次看到男老师的孩子们只是好奇地望着我，没有一个孩子主动说话。尴尬的沉默之后，有一个孩子问我，“您是司机叔叔吗？为什么来这儿？”我说，我不是司机。又有一个孩子问我，“那么，您是教练吗？”看样子，他想起了自己的跆拳道教练。如今，同样在幼儿园很难见到男老师，20年前更难找，难怪孩子们觉得稀奇。我自我介绍，我是跟大家一起生活的老师，说完我坐在钢琴椅子上，有一个女孩子又问我，“您要弹钢琴？老师会弹钢琴？”孩子们还是不相信他们的老师是男老师。

不过，孩子们很快接受和信任我。我并没有教他们什么，而主要跟孩子一起玩耍。特别是到了户外活动时间，让孩子们尽情玩耍的同时，我也跟他们一起玩儿捉迷藏或打秋千。夏天，跟孩子们一起去游泳场打水仗；秋天，大家到屋顶画蓝天。刮风了，放风筝；下雪了，跟孩子们一起在幼儿园院子里堆雪人、打雪仗。随着跟孩子们在一起的日子多起来，还有些孩子有意无意地叫我一声“爸爸”或“叔叔”，然后马上露出难为情的表情。

如果说，孩子出生后遇见的最温暖的人是妈妈，那么，爸爸是孩子出生后遇见的最可靠的人。上小学后，孩子就明显地不粘爸爸，这个时期，孩子更喜欢同龄的小朋友。孩子不再需要爸爸，也许感觉心里空空荡荡。幼儿期的孩子认为爸爸是自己生活的全部，请不要错过这个时期，在幼儿期尽量多跟孩子在一起。这个时期孩子最需要爸爸。

跟孩子玩游戏，要动起来

幼儿教育与小学、中学教育最大区别在于学习的重点。幼儿期的孩子通过游戏进行学习，这就是幼儿教育的重点。成人分清游戏和工作，但对儿童来说，游戏等于学习，学习就是游戏。

游戏具有多种功能，还起到消除孩子的紧张情绪心理不安的作用。因此，游戏疗法是儿童多动症的治疗方法之一。通过游戏，可以了解孩子的性格，以修改游戏过程的方法纠正孩子的意识，让孩子有满足感和成就感，以培养孩子自信。

通过游戏，孩子的沟通技巧得到发育，这也是游戏的重要性。我三岁的老大英语不太好，但在幼儿园和英语圈的孩子沟通起来没有问题。因为，在游戏中，他能判断对方的意图并予以应对。

和爸爸一起做游戏，尤其对孩子特别重要。孩子和爸爸一起做游戏与孩子玩的其他游戏比起来，其性质完全不同。妈妈注重于保护和抚养孩子，妈妈和孩子一起做的游戏主要集中于静态和安全的游戏，比如，读童话书、唱歌、洗澡等。相反，爸爸和孩子一起的游戏充满活力、很随意。因为，爸爸对待孩子，采用的是远古时代的原始的方式。

据兰姆教授和同事们的研究，爸爸怀抱孩子是为了玩游戏，而妈妈怀抱孩子是为了照顾孩子。爸爸和孩子在一起，通常把孩子举到头部，或一起跑起来。妈妈和孩子在一起，一般利用玩具或其他工具，面对面和孩子进行交流。同妈妈利用玩具和孩子做游戏不同，当孩子对玩具不感兴趣的时候，爸爸以肢体游戏来改变游戏内容。

孩子更清楚妈妈和爸爸不同的游戏特点。爸爸和孩子们一起打滚，举起孩子又放下，把孩子扔到空中再接，和孩子一起尽情享受游戏的快乐。爸爸的这种玩法，为孩子提供崭新的体会，而且是亲身体验。克拉克·斯图尔特的研究结果与兰姆教授相同，同等条件下，孩子更喜欢和爸爸玩耍。特别是两岁以上的孩子跟爸爸玩耍的时候，更配合、更着迷，还更感兴趣。通过妈妈和爸爸各不相同的游戏方式，孩子学会根据不同对象做出不同回应，游戏为儿童提供多种观点。

爸爸和孩子一起玩耍不能忽视的又一个主题是认识到性的作用。牛津大学教授艾利尼·弗洛里和安妮·布坎南进行长达50年的时间，研究父母养育孩子对孩子成长起到的作用。结果显示，在成长过程中，经常和爸爸一起玩耍的孩子，长大之后的自我效能感水平很高。这些孩子身体健康，心理素质好，解决问题的能力又远高于其他孩子。其中，女孩的分数比男孩还高，出乎我们的意料，和男孩相比，爸爸对女孩的影响更大。

那么，怎么对待生活中缺少父爱的儿童。不是所有的孩子没有爸爸或其作用的缺乏就不能培养阳刚之气，家庭成员中有能力的男性代替爸爸起到作用，比如，哥哥或叔叔、爷爷。随着多重依恋理论的提出，关于除父母或主要抚养者外孩子建立的其他依恋关系的研究一度很活跃。约翰·鲍比的学生玛丽·爱因斯沃斯等学者通过多重依恋理论研究得出结果，即，以周岁为分界线，孩子依恋的对象被分化，除自己的父母外，还和家人或亲戚、老师、同龄朋友建立依恋关系。

我上小学前夕发生了一件事情，因为我哭闹，父亲打了我一巴掌。那是我平生第一次受到他人的物理冲击。现在还清楚地记得当时的情景，说明那件事对我冲击有多大。心理学家称之为首音效果。从此，印在我脑海里的父亲是随时可以使用暴力可怕的人，相对我更依靠比我大七岁的哥哥。哥哥很慈祥，始终表扬我，关注我的事情并给予真诚的鼓励。其实，这种结果的背后还有一个秘密。有一次，我受了伤到医院缝了几针。拆线后过了几天，妈妈让我和哥哥一起上医院复查。我和哥哥没有去医院，而是逛街玩儿去了，还到面包店吃面包、喝牛奶。那天起，哥哥成了我的榜样和偶像。

很多父母认为通过自己的努力可以改变孩子的未来。这并不是完全错误的观点，但也要清楚，孩子十岁以后，朋友们对他的影响大于父母这个事实。十岁之前，家就是孩子的世界，到了十岁，活动领域扩大到家之外，关注的对象也自然而然被改变。没有爸爸或跟爸爸关系不好的男孩受到哥哥及同龄朋友的影响更多一点。不仅如此，孩子们以模仿电影演员、艺人、运动员和小说中主人公的方式学会男性气质。即便如此，同爸爸的相互作用下获得效能感的孩子，在交友关系方面表现的更自信。同时，需要关注的是，不管在何时何地，爸爸要为孩子有自信地建立社会关系创造条件，这就是爸爸的作用。

保持不远不近的距离

在一起，但保持距离
让风在你们之间轻轻飘舞
彼此相爱
但不要让爱成为束缚
让大海荡漾在你们的灵魂之间

都要满杯，但不要只喝一杯
都要有面包，但不要只吃一方
一同载歌载舞，但要独处
如同弦乐器的弦
合奏美妙音乐，但各自独处

奉献你们的心
但不要让对方保管
因为生命之手才能接纳你们的心

站立在一起
但不要靠的太近
殿宇的支柱总是彼此分开
橡树和松柏也不在彼此的阴影下生长

这是题为《在一起不要靠的太近》的纪·哈·纪伯伦的一首

诗。我们每天为生活而奔波，感觉疲倦、烦心和不满，因为事与事、人与人之间没有余地。

风雨天，实心的合抱大树瞬间被连根拔起，而有节空心的竹子就不容易折断。同样，生活节制的人不容易倒，即使是倒了也可以重新站起来。

父母和子女之间也一样。紧贴着孩子，大事小事都要参与，时刻过问孩子的生活，这不一定对孩子的成长有好处。孩子需要独自思考和判断的空间，孩子也和大人一样需要反思的时间。利用这个时间，他们思考自己从哪里来，要到哪里去，为什么活着。有了这种哲学思维，孩子们找到人生的动力，设计自己的人生，并勇往直前。

跟孩子一起做游戏也如此。爸爸不可能替孩子做所有的游戏。跟爸爸在一起的时间很宝贵，孩子同样需要自己玩耍的时间。在游戏中，孩子一个人扮演各种角色，丰富想象力，更具创意性。

不久前，我儿子过三岁生日的时候，作为生日礼物，给他买了玩具火车一套。从此，每天从幼儿园回到家，就直奔自己房间。我悄悄跟着他，他自己在玩火车游戏。这是个城市交通游戏，孩子一个人铺路、盖楼、种树，铺铁路，还扮演各种角色，忙得不亦乐乎。

“来，现在出发了！”

“哎呦！车坏了。”

“请过来，我帮您修理。”

我不妨碍孩子，悄悄离开孩子的房间。有些父母觉得孩子自己玩很可怜，怕孩子觉孤独。那只是父母单方面的想法。每个人都需要独自的时间，从小开始接受一个人的时间和空间，也清楚自己并不孤独。总之，爸爸适当调整和孩子玩耍的时间，给孩子自娱自乐的空间。

每天跟孩子玩儿 10 分钟

孩子和大人不同，不分工作和游戏。孩子们每天除了吃和睡，大部分时间都在玩儿。可以说，游戏是孩子生活的全部。孩子通过游戏学习知识，减轻压力，表达自己的感情，获得新的能量。

就是说，孩子是通过游戏寻找学习新知识、发展情感、学习社会关系和各自作用的机会。成年人也常说，工作固然重要，但休息也同样重要。休息好才能为自己充电，继续生活，认真工作和学习。

幼儿时期的玩耍经验很重要，因为，大部分玩耍的感觉都在这个时期养成的。孩子玩耍最好的伙伴是爸爸，但不少爸爸不太敢跟孩子一起玩耍。其中有不少理由，孩子太小，认为自己并不是最合适的玩伴，或害怕成年人不会陪孩子玩得开心，这是最大的理由。

心理学家罗斯·帕克教授发表一项研究结果，妈妈首选静态游戏，而爸爸选择动态游戏。也许是这个缘故，孩子本能地认为爸爸的身体就是游戏场。跟爸爸一起打滚儿或被爸爸举起抛到空中，孩子就已经笑得前仰后合。

跟孩子一起玩耍，并不是难事，不用害怕。有很多种玩法，孩子过了周岁，开始学走路的时候，把孩子放在爸爸脚背上像跳舞似的挪步。很简单的方法，很多人都玩过。孩子们还非常喜欢一种玩法，爸爸躺在床上，用手抓住孩子的手腕，再用脚托住孩子的骨盆两侧，模仿飞机起飞降落的游戏。孩子们还喜欢翻过高山似的爬过爸爸的身体。除了用身体交流情感的游戏外，还可以一起吹气球打气球、堆积木、玩弹力球。对这简单的玩耍，孩子表现出极大的兴趣。

当熟悉一种玩法后，孩子想改变玩法或采用新的玩法。孩子自己想做点什么或者提出新的创意，父母应及时给予鼓励和赞扬。有父母的鼓励，孩子不断创新，每次获得成功还增加孩子的信心。

到了孩子上学的时候，可以玩扔球、捉迷藏等游戏。一起蹦蹦跳跳也是一种好游戏，因为走路和跑步是最原始和最自然的活动。春天，到附近公园踢球也是一个好选择，或做棒球投球接球练习。夏天，到游泳池或海边、河流玩戏水；秋天，到果园通过采摘，体验大自然的规律；冬天，教孩子玩冰橇、滑雪和滑板也是好方法。

通过重复游戏，孩子们不断试验自己的身体技能和运动能力。同时，逐渐认识周围的事物。和小朋友们一起玩耍，悟出合作的重要性，游戏中学会建立稳定的人际关系。小孩在玩儿、打架、和好中长大的。因此，不要限制孩子玩游戏的方式方法。爸爸要做的事情是，提供已消除安全隐患的安全的游戏环境。没必要分清大肌肉运动和小肌肉活动，重要的是不管堆积木、打水枪和拼图，根据身边环境随时随跟孩子一起玩的开心。

最近，我和孩子喜欢到附近公园骑自行车。我玩儿单排旱冰，儿子骑带有两个小辅助轮的四轮自行车。为了跟爸爸比速度，孩子骑得满头大汗。累了我们并肩坐在公园长椅上喝着水看看天上的飞机，还有从眼前经过的冰淇淋车。父子俩东家长西家短，不知不觉太阳西下，天空被晚霞染红，孩子大呼美丽。跟孩子玩耍重要的不是做什么，而是跟孩子一起欢笑、有共识、分享宝贵的回忆。

我的几个孩子，想玩儿的时候来找我，困了或饿了，还有摔倒了，想睡觉时找妈妈。这就像有时候想睡硬板床，而有时候喜欢席梦思是一样的。孩子有时喜欢和爸爸玩得热火朝天，有时则想念妈妈温暖的怀抱。

孩子需要父母双亲是一种本能，因为妈妈和爸爸各自不同的性格对孩子的全面成长和发育是必须的。这同身体健康需要吸取5大营养素是一样的道理。研究爸爸学者和游戏理论家有共识，“会玩的孩子身体健康，学习的时候注意力集中，参加社会和人际关系方面表表现出色的领导才华。”

每一天10分钟也可以，请跟孩子开心玩耍。时间长度不重要，即便是10分钟，找回童心尽情跟孩子玩耍就足够了。不是陪孩子玩，而是爸爸也一起欢喜，全身心投入到父子共同的游戏中。

和孩子一起唱歌

儿童发育大致分有以下几种，即，身体发育、认知发育和情感发育。在智商测验中，传统测试标准是看看语言、数理、推理和空间认知能力。但有人提出，仅用四种领域无法判断孩子无限的潜力。

对传统智力测试提出的批判中，最受关注的是，霍华德·加德纳基础的多元智能理论。

2006年，我参加了在旧金山召开的美国教育学会多元智能理论研讨会。霍华德·加德纳博士是主讲嘉宾，他在报告中全面介绍测试儿童智能的八种领域，即，视觉和空间智能、语言智能、数学和逻辑智能、身体和动觉智能、音乐智能、自知和自省智能、交往和交流智能、自然观察智能。并提出在教育过程寻找教师和父母的实践方案。为了提高情感智能，霍华德·加德纳博士提出了具体方法。其方法之一就是“爸爸和孩子一起唱歌”。

爸爸和孩子一起唱歌有很多好处。其一，通过区分妈妈和爸爸不同的声音和音域，学会多种感情节奏。而且通过歌词自然而然掌握社会文化知识。举个例子，我在幼儿园任教时，曾经教过西班牙儿童歌曲《五彩缤纷》。我们听到的公鸡叫声是“喔喔”，不过，西班牙人觉得是“嘎里嘎里嘎里”。母鸡叫声是“嘎啦嘎啦嘎啦”，小鸡“吡幺吡幺吡”叫。孩子们从这首歌中了解同样的自然现象，在不同民族的文化背景下表现也不同。歌曲是承载文化的最好的内容，也是传播文化最有效的手段。歌曲的另一个作用是起到连接不同文化的桥梁作用，从而，孩子们在歌声中学会多样性。

每到周末，我边弹钢琴，边跟孩子们一起唱歌。去公园散步时，和孩子一起唱歌。也很神奇，孩子们学得相当不错。我三岁的儿子，哼哼自己的歌，或唱他一周岁之前我曾唱过的歌，记得清清楚楚，让人大吃一惊。

歌曲隐含着人们的多种感情，温暖、回忆和未来的希望等。歌曲里也有故事和历史。因此，一起唱歌，可以交心。假如这世上没有歌曲、没有音乐，这个世界该多么的寂寞。这就是爸爸和孩子一起唱歌的理由。

唱歌不一定非要水平高。如果，唱歌的确唱不好，放一首孩子喜欢听的儿歌，跟着唱也是个好办法。也可以让孩子们听听爸爸喜欢的流行歌曲或古典音乐。音乐是和孩子分享爸爸生活的工具。当然，选曲要注意，选择适合孩子的歌曲。在爸爸创造的音乐环境中，孩子的情感会越来越丰富。

爸爸的第6个习惯

爸爸是没完没了的提问者

提问对孩子的成长与发育起到重要的影响。何况爸爸的提问与妈妈不同，具有打破常规的特点。可以养成一种习惯，和孩子一起散步、看动画片时，给孩子提问。每次提问可以为孩子提供思考的机会，这时，孩子的创意又上一个台阶。

爸爸提问的效果

爸爸独特的提问和交流方式对孩子的成长和发育起到很重要的影响。爸爸跟孩子提问的方式与妈妈不同，爸爸提问的最主要特点是打破常规。换句话说，爸爸看问题忽视原有的思考方式，不按常规出牌。从爸爸对言行中可以看出这些特点。

据研究父母与子女相互作用的波克科里森博士的理论，假如孩子的语言发育能力是天生的，那另当别论。但孩子已出生，通过与主要养育者父母及其他人的交流经验，掌握相互作用的技巧和交流方法。这意味着，外部环境、和其他人之间相互作用的影响与孩子的语言发育有着密切联系。尤其是爸爸与孩子的交流对孩子的语言和认知发育发挥决定性作用。因此，通过提问来活跃孩子的思考细胞是爸爸的主要作用之一。

那么，跟孩子交流时，应该注意哪些？内奥米·巴伦博士将提出不同阶段的注意事项。

第一个阶段是新生儿和婴儿期。这个时期，爸爸应成为孩子的交流对象。虽然孩子听不太懂说话内容，反应也迟钝，但还是要继续交流，为孩子多讲故事。

下面举个例子：

“好啊，好啊，宝贝想爸爸了？”
“啊，饿了吧？等一下。爸爸去拿牛奶！”
“今天过得好吗？爸爸帮你洗澡。”
“睡吧，睡吧。我的宝贝。跟爸爸一起进入梦乡，好吧？”

爸爸应该随时看孩子的眼睛，了解孩子的需求，并通过语音和肢体接触满足孩子的需求。在这过程中，孩子逐渐对爸爸的语音和信号，做出反应。这被称之为爸爸和孩子之间的“语言协调”。这个时期，爸爸的课题是练习和落实孩子能听懂的语言形式。

第二个阶段是学步期和幼儿期。这时，爸爸应继续参与到孩子的语音环境。过周岁、快满两周岁开始，孩子逐渐掌握词汇，构成句子来表达自己的想法。渐进地熟悉单词，开始区分颜色和数字，逐步扩展语言的发音宽度。在这个时期，父母和孩子不断重复“这是什么？”“那是什么？”“这是为什么？”。孩子开始说“是”和“不”，区分自己喜欢和不喜欢的，想做的和不想做的，尝试好感和没有好感的境界。孩子们还进行事物对比，找到相同点和不同之处。这个时期，让·皮亚杰在认知心理学中提出的架构（构成知识和信息体系的认知功能的表面现象或精神结构）被激活。接受新的信息后，孩子在原有经验的标准下进行判断，再创造新信息。通过这种反复的对错中，孩子掌握语言和思考的平衡。随着孩子的语言发育，孩子的提问也成倍增加，对事物和现象表示高度关心。孩子提问时，父母不要马上回答孩子的问题，而反问孩子的想法或提醒还有其他可能性。

比如，父母带着传统观念，预先规定男性和女性概念，区分男人和女人的物品，男人和女人的工作等，这是不可取的。父母要注意避开的另一个交流方式是不好即坏、不白即黑的极端二元法思考法，这种方式有可能导致孩子想法的单纯化。比如，孩子不好好吃饭，有一种方法是指责孩子，“妈妈不是说过，吃饭不要闹吗？说没说？”。父母不应该指责孩子，而是应该通过观察孩子的言行，了解孩子为什么闹，为什么不吃饭，这是父母需要注意的事。

上高中的时候，我有一个朋友因吸烟被老师批评过。老师把他的母亲叫到学校，长时间进行谈话。他的母亲回家后就开始骂他。“你小子，还会抽烟！现在就惹是生非，长大后怎么办？我不是警告过你，不许和那些坏孩子混，都忘了？你小子，以后还敢抽？抽不抽？说，说话呀？如果我再看见你抽烟，我俩就都死定了！知道吗？赶快进屋学习！”听了母亲的教训后，我朋友会真的戒烟吗？很可惜，他并没有想戒烟，而是想着怎样才不会被母亲看见抽烟。

父亲下班后，听完母亲的陈述，到我朋友的房间找他。

朋友父亲：听说你在学校抽烟被逮着了？出来，我们谈一谈。

朋友：（心想）死定了！

朋友父亲：（坐在院子里的椅子上拍一下朋友的头）小子，谁说你不是爸爸的儿子啊。给我一根烟！

朋友：（吓一跳）爸爸，您会抽烟？不是不吸烟吗？我从来没见过您吸烟……

朋友父亲：干嘛呢？给我一根啊！（点烟，吸一口，吐烟）好久没抽有点生疏了。呼呼！头晕。（片刻后）我上高中的时候也抽得很厉害。

朋友：（吃惊）那后来为什么戒烟了呢？

朋友父亲：你不记得了？你小时候得了严重的哮喘病，经常到医院治疗。那时，我有个当医生的朋友，他说，被动吸烟对有哮喘的孩子很不好，让我趁这个机会戒烟！所以，戒掉了。

朋友：您因为我戒的烟？

朋友父亲：不单是因为你。一直想戒来着，可一拖再拖没能戒掉，后来你得了哮喘，趁机戒掉的。（灭烟）我有经验，要戒趁早。（在钱包里掏出两张钞票）实在想抽，去买好烟。回屋，别让你妈担心。

听到这故事后，我认为我朋友的爸爸太帅了，也很羡慕我的朋友。从这件事情中我们可以看到，爸爸和妈妈分析情况和解决问题的方式完全不同。我朋友父亲的方式对我朋友的成长更有帮助。后来，我的朋友在社会上取得成功，在家里也是好爸爸，经营着幸福和睦的家庭。

关于爸爸应具有的一贯性

“一贯性”的含义包括有规律、连续性，还有高瞻远瞩的长远性。如果，父母根据自己的心态随意改变养育方式和对孩子的态度，孩子会摸不着头绪，不知所措。犯滔天大罪不管，犯小错误倒抓着不放，孩子搞不清楚衡量错误的标准，为自己挨批喊冤。

一贯性是好爸爸、有能力的爸爸应具有的一种品质。

坚持一贯性的爸爸十有八九都言行一致。面对使人惊慌的意外状况也有能力分清事实和调整心态，情绪上没有太大的起伏。

坚持一贯性的爸爸生活有规律，不仅每天制定计划，还制定每周、每月和年度计划并努力完成计划。清楚承诺的重要性，很重视对孩子和妻子的承诺，没有把握不轻易承诺，因不得已的情况爽约了，也不忘及时道歉。

道义上胸怀坦荡，做事不含糊，堂堂正正做人。人品正直，犯错误时，诚恳地承认自己的错误；无意中伤害对方时，表现及时请求原谅和理解的智慧与勇气。这种培养出来的孩子对将来的预测能力很强，即便发生意外也不轻易动摇，不回避问题，而具有积极解决问题、战胜恐惧的能力。

相反，没有一贯性的爸爸很散漫，分不清事情的主次；情绪波动很大，容易发火；不愿意承认自己的错误；还很固执。有时，突然对妻子和子女示好，让家人不知所措。

杰克·坎菲尔的《心灵鸡汤》里有一则故事，是11岁孩子关于没有一贯性爸爸的故事。

有一天，我们全家人一起吃晚饭。突然，爸爸起身将饭桌踢翻，“我要离开家，你们好好过，再见”。说完爸爸走了。不过，第二天爸爸若无其事地回家来，没做任何解释，好像什么事也没有发生。我害怕见到爸爸，我不知道爸爸是抱我，还是拿鞭子打我。所以，我总是躲着爸爸不见面，因为这是好的办法。

要有一贯性，需要做到如下几点：

第一，努力调整自己的心态，保持平常心。重要的是不要让事情控制你的情绪。有好事不要过于高兴，碰到困难也不要坐立不安。

第二，和家人在一起。妻子感冒了，帮她买药，为她熬粥。不要缺席孩子的入学和毕业典礼，鼓励孩子新的开始，表扬孩子取得的成绩。偶尔因出差等不得已情况，无法参加孩子的活动时，通过电话或电子邮件分享孩子的事情和面临的问题。

第三，遵守自己的承诺，不能遵守就不要承诺。如果孩子不能信任爸爸，那这世上还能信任谁？请记住，人与人之间，特别是爸爸和子女之间，一旦失去信任就很难恢复。

第四，堂堂正正做人。世上没有完美的人，谁都会失误，被卷入错误的事情中。伊曼努尔·康德的墓碑上刻有这样的碑文：“有两种东西在我心灵中唤起惊奇和敬畏，一个是夜空中闪亮的星星，另一个是我心中的良心。”不要有错误的选择，不要被诱惑，这也很重要，同时不能忽视时刻照看良心、反省自己。如果出现失误，敢于承认，知错就改，孩子们会更加尊重爸爸。

第五，日常生活简单化。如今的爸爸备受多种煎熬，要工作，照顾家庭，好要参加社区活动。因此，要当完美的爸爸是件不容易的事情。发挥丈夫、上班族、社会一份子的作用，恐怕有分身术也不够。无法完成所有的事情，首先决定事情的主次。将事情分为紧急和必须做的事情，首先处理的事情和可以推迟处理的事情，还有拒绝做的事情等。“拒绝”是包括我在内，很多韩国的爸爸最难办的事情之一。如果，不好意思拒绝，把事情拦下来，结果误事了，那么关系反而更加恶化。虽然拒绝人或事很难，但还是需要勇敢说“不”的智慧。

第六，制定人生时间表，按计划行动。当幼儿教师的时，开学前的要做的主要事情是根据幼儿教育提纲，制定每日计划、每月计划和年度计划。孩子的身体、认知、情绪方面得到均匀发育，需要接受完整的教育。为了吸取均匀营养拟定全面食谱，同样，根据孩子不同时期的发育目标，爸爸需要制定孩子的人生时间表。

每一个教练在比赛前都制定战略，当然，有时需要运动员自己的判断和行动。教练考虑的是蓝图，同样，爸爸也规划孩子人生的宏图。为此，需要掌握孩子每个时期的发育情况。了解孩子对什么感兴趣，关心什么，孩子会做什么，不会做什么，才可以制定相应的人生计划。

第七，面对重要决定或事情，考虑要慎重，而行动要迅速。举我的例子，我现在面临着评副教授和终身教授合同审查，这将会给个人和家庭带来很多变化。为了家庭的未来和孩子的教育作何决定，为此，我和妻子越来越频繁进行讨论。讨论的过程中，也能获得意想不到的好方法。经过慎重考虑制定方案，妻子表示同意，我自己觉得判断无误，那么，剩下的就是迅速执行了。这就是一贯性的爸爸应遵守的行动纲领之一。

创意来源于提问

这是在费城宾夕法尼亚州立大学学习的一个师弟的故事。初中一年级的时候，他随着休假的父母到美国新泽西读了一年。美国学校的教学方式以教师和学生之间的提问和讨论为主，这对充满好奇心的他来说，是个非常难的的教学环境。刚开始，因为英语不太流畅，他对讨论比较消极。后来，随着考试成绩好，英语实力上升，他就变成了积极发言的活跃学生。老师和其他学生的反应也很好，他更加自信地专心学习。他还喜欢体育，下课后，和不同肤色的同学们一起打篮球、踢足球，同学之间的关系变得更亲密。

一年后，父母假期结束，他回韩国复学，进入初中2年级读书。韩国的学校教育和美国不同，不是以学生为中心的提问式授课，而是以教师的讲课（也称填鸭式教育）为主。他很难适应韩国的教学环境，偶尔提问，老师不仅不鼓励他，反而视为学生对老师的挑战和反抗，回答问题毫无诚意，还以影响学习进度、破坏教学气氛为由对他进行体罚。其他同学嘲笑他是“怪胎”，还骂他“倒霉蛋”，集体排挤他。为此，他跟班里的同学打了一架，之后更不愿意上学了。后来，转到其他学校，可新学校也大同小异，结果都差不多。最后，他跟父母商议，决定到美国留学。到了美国，他如鱼得水，学习的热情得到认可，他重新开始认真学习。

拿到常春藤盟校几所大学的录取通知，他决定选择费城宾夕法尼亚大学。得到美国最好的常春藤盟校的青睐，是因为高考成绩和高中学习成绩好。但拿更高分数的是，他的有独特创意的、崭新思路的文章和在全国美术比赛中的获奖经历。另外，当篮球社团会长，积极参加社区志愿者服务活动也得到高分。

众所周知，美国的名牌大学评价一个学生，除学生基本的学习能力外，还评价独创性和灵活的思考能力等各种潜力。被认为“怪胎”的他那些独创性和参加各种活动的经历，到了美国后得到高度评价和认可。如同方形到圆圈的村子去玩，被视为怪胎赶出村子，韩国学校不接受的他的才华和独特的思考方式，在美国反而当成优点被接纳。

其实，美国学校以提问和讨论形式的授课方式是最悠久的教学方法之一。韩国前近代的私塾等传统教育也采取以提问和回答为中心的教学方式。学生回答老师的问题，或老师或学生回答提出的问题，这种教学方式的优点是引导学生主动思考并积极参与讨论。后来，韩国社会开始现代化进程，随着教学注重入学考试，就变成教师主导的讲课方式。

学术界对创造力的看法各不相同，但就创造力的概念达成共识，认为创造性的构成要素有独创性、流畅性、灵活性、应用性、准确性等。按照詹姆斯·考夫曼和罗伯特·斯滕伯格的理论，创造性思维是指以自己独特的方式思考问题。上面所述的我师弟就是一个例子。

不过，并不是所有创造力都等同于智力。收敛思维和发散思维都属于创造力范畴，智力测验主要考察通过收敛思维解决问题的能力，发散思维是以各种角度思考一个问题并寻找解决办法。灵活性和应用性则指不局限于二元思维、三元思维、四元思维和多元思维的框架，更加自由转换思维的能力。10年前的圣诞节，我听过小朋友唱的一首歌。

哭吧，哭吧

圣诞爷爷的礼物也有你的一份
圣诞爷爷分不清
谁是好孩子谁是坏孩子
因为，圣诞爷爷是老年痴呆

孩子改词翻唱了圣诞颂歌曲《不能哭泣》。我听着觉得又可气又好玩，问他是谁教的，孩子回答说，“我爸爸”。那个孩子的爸爸给孩子灌输了创造力呢，还是教坏了孩子呢？孩子的爸爸小时候，圣诞老人已经是爷爷，到了现在年纪更大，有可能身体不太好或者得了老年痴呆。也许是从这种角度改了歌词。我觉得那个孩子爸爸的构思很新鲜，他是教孩子从另一个角度思考我们认为想当然的事实。

研究“关于爸爸的养育和养育风对孩子创造力的影响”的过程中，接触到不少先行研究结果，即，在具有创造力或不局限于形式和条条框框的爸爸教育出来的孩子，同样具有自由思考和实践的特点。心理学家迪恩·基斯·塞蒙顿指说，成年人的创造性思维也在不断发展，而从三十几岁到五十几岁，这个时期是创造性思维最活跃的顶峰。在这个时期，爱迪生发明了留声机，莫扎特创作了名曲《费加罗的婚礼》，安徒生发表了《美人鱼》和《丑小鸭》，钢琴家仓本裕基也是30岁以后出了引领新世纪音乐的代表曲目。爸爸的创造性思维达顶峰的这个时期，经常跟孩子一起玩耍，这是最好的子女养育法。

怎样才能培养孩子的创造力，米哈伊·奇克森特米哈伊给出了这样的回答。

创造性并不是无中生有。创造性思维特点之一的流畅性源于孩子的兴趣和好奇。重复看、听、读、说的过程中，创造力世界展现在孩子面前。生活经验如同浩瀚大海。教孩子游泳，在成长过程中，孩子自己游过河流，了解水下世界。希望孩子的生活丰富多彩，具有创造力，就让孩子有更多的经历。这是父母给孩子最好的礼物。

所有的孩子每天都会说几句让妈妈和爸爸吃惊的话，或者做让人惊讶的出奇的行动。这时，最好是更加关注孩子的言行，并积极表扬和鼓励孩子。孩子到了认字写字的年龄，就鼓励孩子养成记录自己想法的习惯，这也很重要。具有创造力的值得尊重的人都有一个共同点，就是记录的习惯。记录的方法也丰富多样，写日记、笔记、储存在电脑或智能手机、保存影像资料等。

据说，伊曼努尔·康德每天在固定时间散步，这是她思考和获得灵感的时间。孩子也需要自己的游戏时间和思考时间，还需要刺激大脑时间。从现在起，如果孩子远望或者看着窗外发呆，请不要妨碍孩子，尊重孩子的时间。孩子很可能在重新调整自己的思维和心态，这是对孩子来说非常宝贵的时间，爸爸和妈妈要做的是注视和等待。

正确的提问和错误的提问

有时觉得孩子出生的目的就是为了提问，不停地重复着提问。回答问题了还是不停地问，“为什么？为什么呢？”，弄得父母有点烦，最后就不理孩子的提问。不过，要知道生活中我们交谈的形式主要以提问和回答来构成。孩子的世界也是同样的。何况，这世界万物在他们眼里都是不熟悉的神奇的存在。即便觉得有点累或心烦，也要认真倾听孩子的提问。

相反，爸爸向孩子多提问，从教育学的角度看，这也很重要。因为，幼儿期的孩子是在寻找问题的答案，提问自己想了解的内容过程中，提高语言、认知和思考能力。通过提问，孩子学会很多东西，还掌握不少信息。在这基础上，确定自己的思维体系。不时向孩子提问，不仅能明确孩子理解和不太理解的内容，还能了解孩子关心的事情和兴趣爱好。

英语的“教育 Educate”这个词汇源于“导出 Educe”。通过提问和回答领会新事务，分清自己认识的和不认识的内容，搭建新的思维体系，这就是教育的重点。

首先，提问分为“收敛性问题”和“发散性问题”。收敛性问题的焦点是确认信息，对孩子的回答老师提供反馈，以便孩子获得重新回顾信息的机会。收敛性问题的特点是一问一答型或确认事实关系的简单形态，比如，“这汽车什么颜色？”或“吃午饭了吗？”

相反，发散性问题没有标准答案，是孩子们可以猜想或创造性地寻求答案的开放性提问。比如，提问“读了《好饿的毛毛虫》，你觉得哪个部分最有意思？”。

两种提问方式各有好坏。收敛性问题可以短时间内确认孩子知道和不知道的内容，简单有效确认关系，这是收敛性问题的优点。缺点是提问过于简单明了，限制孩子进行有深度的各种思考。

散发性问题可以使孩子进行创造性和有深度的各种思考，但是，因为孩子对事实的基础信息不足，面对多重选择，孩子反而找不到答案。同孩子进行交流时，父母要耐心等待。如果，父母没有耐心等待孩子的回答，反而打击孩子的自信和欲望，这是散发性问题的缺点。

通常子女与父母的交谈中，收敛性问题比散发性问题多四倍左右。根据不同情况和思路选择提问方式，这是最理想的形式。教幼儿教育学系 4 年级学生实习的时候，我发现他们在实习中努力实践课堂里学到的“发散性问题”理论。但是，如果坚持提出发散性问题，授课很可能变得一塌糊涂，因为，发散性问题造成孩子们思维的混乱。

情景再现如下，实习生同孩子们一起读有很多汽车的童话书，看到拖车的画面，有一个孩子提出了问题。

孩子 A：老师，这是什么车？

实习生：好的，问得好，这车该叫什么呢？

孩子 A：叫什么？

实习生：（对着全体孩子）大家一起想一想。

孩子 B：（举手）是消防车吗？

实习生：好像不是，其他小朋友有谁认识？

孩子们：……

实习生犹豫要不要告诉孩子们正确答案的时候，孩子们已经对那辆车失去兴趣，注意力分散，开始来回走动了。为孩子们提供思考机会是好，但也不能忽视读童话书的气氛被打破。应该告诉孩子们汽车的名称，然后接着提问，“这车干什么的？”或“谁见过这种车？”，这才是扩展孩子们思维的有效方法。

孩子需要新的信息时，最好以收敛性问题的方式提供信息。提供新信息的同时，激发孩子的兴趣和好奇心，为孩子创造深度思考的机会。如果孩子提问，“爸爸，这衣服是什么颜色？”应该回答说，“黄色。你见过这种颜色吗？”或“找一找跟这衣服一样颜色的好不好？”等，扩大提问的范围。那么孩子表达自己的想法，回答说，“小鸡”或“香蕉”。接着，围绕孩子感兴趣和关心的内容进行交谈，可以引导孩子进行更有深度的思考。

提问时要留心观察，问题是否适合自己孩子的发育程度，提问有没有意义，孩子能否理解提问内容并予以回答，孩子能否记住提问内容，爸爸是否带着真诚和好奇提问等。

另外，还要注意提出问题和回答问题之间留出等待的时间。提问式学习法权威大卫·罗博士说，提问以后最少给孩子 3 秒钟的时间进行回答。孩子有时间深思熟虑后回答问题，可以看到回答质量明显提高。孩子不仅是回答爸爸和妈妈的问题，而且自己也提出问题，并认真倾听父母回答问题。

注意上述事宜，爸爸和孩子相互提问和回答，可以进行有深度的交流，这具有教育意义。不仅如此，爸爸和孩子之间的关系也得到进一步的发展，这是额外的礼物。

旅居美国的韩国人一般孩子放学回家后问，“你认真学习了吗？”或“考试考好了吗？”。可美国人是这么问孩子，“今天上课你提了什么问题？”或“老师问什么了？”或者“你的朋友都好吗？”。

也许有人说，我夸大提问的重要性，但是，提问包含着教育孩子的不同方式。抚养和教育孩子不是件容易的事情，但是，向孩子提出有意义的问题，认真回答孩子提出的问题并不难。父母的这种教育方式让子女成长为慎重、有创造性、充满好奇心的孩子。

为什么孩子喜欢玩水

老子的《道德经》有句话叫“上善若水”。意思是说“最高境界的善行就像水一样”。人们从水的属性学会很多东西，我儿子叫镇河，名字的含义是治理水的孩子。

水从高处往低处流，这意味着谦虚；水具有巨大的力量，有时，横扫一切，带来灾难。但，平常水流平缓，望着它感觉很舒坦。小时候，我就很喜欢水，遇到不愉快的事，生闷气，哭一场，然后洗个脸或洗个澡就心情马上变好。看来水隐藏着超乎我们想象的东西，那就是治愈受伤的心的能力和魅力。

所有的孩子原本都和水亲近，因为他们在妈妈子宫的羊水里开始生命之旅。如今，很多家庭生活在公寓，一般不泡澡、只是简单淋浴或利用洗脸盆洗一洗。还好，我的房子里有很大的浴缸，我和儿子经常一起泡澡，尽情玩耍，互相搓澡。儿子也非常喜欢跟我一起洗澡，增加父子感情最好的办法，莫过于这个了。

跟儿子一起热衷于玩水，我觉得来自单位的忧虑和压力都被水洗掉，无影无踪。

2001 年，英国 BBC 电视台播送了叫“鼓励父子一起洗澡”的节目，详细介绍爸爸和孩子一起洗澡的效果。节目基于心理学家霍华德·斯蒂尔博士进行的长达 14 年的研究，结果表明成长过程中跟爸爸一起洗澡的孩子，具有很强的解决社会问题的能力。

而且，小时候没有跟爸爸一起洗澡的孩子中，占 30% 的孩子在交友上出现严重的问题。

孩子在温暖的水里洗澡，跟爸爸进行肢体接触，使孩子分泌催生素，而这种特别的经验印刻在大脑，将来有助于形成社会效能感。

跟孩子一起洗澡对爸爸的影响也很大，爸爸通过和孩子一起洗澡，增强自己育儿的信心。通过父子时间肢体接触，形成更紧密的依恋关系，发挥跟妈妈不同的作用，当好引导孩子奔向另一个世界的引路人。

如今，所有爸爸都非常忙，养育孩子的机会和时间很少，因此，充分利用跟孩子一起洗澡的时间，对养育孩子有很大帮助。

爸爸的第7个习惯

爸爸是独一无二的好朋友

听孩子有什么苦恼很重要，但偶尔对孩子讲自己的苦恼也不错。听到爸爸的失误和苦恼，孩子感到人情味，花时间想想爸爸的事情，而不是失望。这是使爸爸和孩子之间关系，不是纵向发展，而是横向发展的好习惯。想当一个像朋友的爸爸，就看着孩子的眼睛，讲一讲你的烦心事。

像朋友的爸爸和权威的爸爸

10年前，留学的时候我开始学网球。为了打好网球，我花重金购买穿线机自己给网球拍穿线。拿到美国网球协会专业技师资格证为止，很长一段时间我给网球拍穿线，而在这过程中明白一件细微但很重要的事实。那就是，所有网球拍都由横线和竖线交叉，产生表面拉力。

还有一点最重要，先穿竖线再穿横线，穿横线时每格都要与竖线交叉，保证横线和竖线相互依靠，紧紧被固定。这和纬线与经线交错的织布原理一样。

我认为，人与人，尤其是爸爸和子女之间关系也是这个道理。单靠一个纵向关系（经线），不能建立完整的父子关系，只有纵向关系和横向关系（纬线）相协调，才能建立健康的父子关系。很多人想又当朋友又当爸爸,但现实与爸爸的愿望之间存在一定的距离。爸爸和孩子之间怎么做才能形成朋友般亲密无间的关系呢?

留学时期，我偶然看了一场电影《狮子王》。为了学习英语，重复观看同一部电影，逐渐了解刚开始没有看清的电影内容和故事情节。我从父子关系，自我效能感的形成过程和发育情况等，父母教育的角度认真观看该电影。后来，这部电影内容成了我博士论文的主题，电影中爸爸木法沙和儿子辛巴之间关系还折射出我和我父亲的关系。

木法沙是狮子王国的勇猛国王，他受到狮子王国所有成员的尊重。而对辛巴来说，爸爸是不敢接近的，具有威严和权威的神一般的存在。虽然是威严的国王，木法沙在自己的儿子面前，还是和蔼慈祥的普通父亲。木法沙教辛巴大自然的规律，像朋友一样亲切，辛巴彷徨时，他又是儿子依靠的精神支柱。

了解木法沙的育儿方式，需要了解戴安娜·鲍姆林德的教养方式。他将父母的教养方式分成四种类型。

第一，权威型教养方式。这是一种父母的权威和对子女的理解相结合的教养方式，尊重子女的自主权、重视民主作风、对子女充满爱心。这种教养方式下的孩子表达能力和独立性强，表现出较高的自尊感和自信心。

第二，专断型（或权威主义）教养方式。儒家文化影响下的家长制父亲的教养方式可以诠释为这种类型。父母会优先考虑自己的权威，而忽视子女的自主权和自身要求。专断型教养方式最具代表性的特点是训育教养方式和以父母主导的教育方式。这种教养方式下的孩子缺乏自主权、存有依赖性、在人际关系和社会决策中比较被动。

第三，放纵型教养方式。这类父母满足孩子一切要求，任凭孩子摆布。这类教养方式有助于培养孩子自律，但父母毫无介入孩子的决策，全让孩子自己做决定，因此，孩子大多不成熟，缺乏责任感。

第四，忽视型教养方式。这是放纵型教养方式的另一种表现形式，不关心孩子的教育，根本不参与教养。研究证明，在父母漠不关心的环境下成长的孩子，身体、认知和社会情感发育过程中缺乏自尊感。

当然， 不可能把所有父母的教养方式归纳与为一种，因为，一个人的特性不能简单地用单一的范畴来进行说明。举辛巴的爸爸木法沙的例子，木法沙对辛巴的教养方式是权威性教养方式和专断型教养方式相结合。我的博士论文指出，爸爸的教养程度越高，孩子的社会责任感越强，权威性教养方式和专断型教养方式相结合的时，孩子的社会责任感得分最高。这说明，倾听并反映孩子意见很重要，但对孩子错误言行果断进行批评教育也很重要。同时，采取上述两种教养方式的爸爸，为孩子的学业和前途时刻准备着，并展现出鼓励孩子、引导孩子的领导能力。

在这之前，有一项针对在美华人父母的研究（Xu.2007），该研究结果与我类似。爸爸与孩子保持紧密关系，但偶尔严格要求孩子，进行批评教育，孩子才能取得更大的成就。美国社会和教育界关注这样一种现象，来自东方国家的留学生和移民第二代中大多数考上美国名牌大学，社会上取得成就。对其原因的分析多样，我认为，最大的原因是他们的父母采取了东方儒学传统和美国社会民主氛围相结合的教养方式。

最理想的爸爸，是又像朋友般、又有权威爸爸。下面看一下电影《狮子王》的儿子辛巴和爸爸木法沙的谈话内容。

[场面 1]

辛巴：爸爸，约好今天出去教我打猎的。起床了，起来！

木法沙：亲爱的，管管你儿子。

沙拉碧（妈妈）：我们说好晚上我照看孩子，白天由你来照看。现在是你照顾孩子的时间。

（木法沙揉一揉眼睛，打了个哈欠后，跟儿子辛巴一起去草原。草原到处都是跑来跑去的羚羊和鹿群）

辛巴：爸爸我们能吃掉它们吗?

木法沙：当然，当然可以。我们吃掉鹿，我们死后变成草原上的草，鹿再吃这草。这是自然规律。

（这时，木沙发的个人秘书沙祖来做简报，简报结束。）

木法沙：辛巴，你在干嘛?

辛巴：练习打猎。

木法沙：沙祖，（站在岩石上）转过去坐。

沙祖：为什么？

木法沙：让儿子练习打猎。

沙祖：练习打猎？好啊。练习打猎、练习打猎……什么？练打猎？不可以！！！

（辛巴猛扑沙祖）

这场面充分说明教养子女中爸爸妈妈的分工。晚上妈妈负责帮孩子洗澡、喂东西、哄睡觉，白天爸爸负责带领孩子出去，说明大自然的规律、教打猎、传授生存所必要的一些技巧。这是我们的传统，也是非常熟悉的爸爸和妈妈不同的作用。这场面再现从原始社会开始传承下来的爸爸和妈妈的作用。

[场面2]

（辛巴、沙祖和辛巴女朋友娜娜，在大象墓地中受到土狼群突然袭击，面临危机。在这危急时刻，木法沙出现眼前，赶走土狼群。只剩下辛巴、木法沙、娜娜和沙祖）

木法沙：沙祖，你带娜娜回家。

沙祖：（看辛巴）祝你好运，辛巴。

（木法沙大声叫一下辛巴。辛巴跟着木法沙走，辛巴发现与爸爸又大又有力气的脚印相比，自己太渺小，顿失信心。）

木法沙：辛巴，我对你太失望了。不听我的警告，去禁止去的地方，深陷危机。还连累娜娜。

辛巴：（欲哭）我想变得和爸爸一样勇猛。

木法沙：勇猛不等于造成危险状况，其实我也害怕。

辛巴：爸爸，你也怕了吗?

木法沙：是啊，我怕失去你，真的很害怕。

辛巴：真的？爸爸，你是我的朋友，对吗?

木法沙：（大笑）当然，当然！

（木法沙和辛巴一起打滚儿、玩耍）

木法沙：辛巴，看看天上的星星。国王死后，变成闪烁的星星，守护自己的儿子。记住。爸爸也永远守护你。

爸爸木法沙是辛巴的榜样，是心中的英雄。木法沙作为一个勇猛的国王、一家之主，深深印在辛巴的脑海。辛巴想学习和模仿爸爸的勇猛，可发现自己软弱的现实之后又灰心。上述场面中值得注意的是，勇猛的领袖当着儿子，说出自己恐惧感觉的勇气。爸爸向儿子倾诉自己的苦恼和心境，父子关系更加紧密。辛巴明白，爸爸是自己最好的朋友，也是自己坚强的后盾，觉得只要有爸爸，世上没有什么可害怕的，辛巴有了这样的自信。爸爸死后也要保护自己，有什么比这更可靠更有价值的信任呢。

[**场面3**]

（木法沙中了刀疤的计，为了救处于危险的辛巴遭到暗算，被刀疤杀害。刀疤赶走陷入负罪感的辛巴，永远不许回来。辛巴勉强逃脱土狼的攻击，跑到很远的地方，忘记痛苦的过去，与丁满和彭彭一起每天抓虫子和蚯蚓当食物，过着安稳的日子。有一天，辛巴遇到老朋友娜娜，得知故乡已变成废墟。娜娜建议辛巴回到故乡除掉刀疤和土狼，建立新王国的，辛巴犹豫不决。我回去能战胜刀疤和土狼群吗？我是害死父亲的罪人，我能

继承王位吗？我不能，我不能！辛巴在痛苦中挣扎的时候，智慧猴子拉飞奇带辛巴见爸爸木法沙）

拉飞奇：辛巴，你往荷花池看。

辛巴：（看一会儿，马上失望）水里只有我的影子。

拉飞奇：仔细看看。

（刮风、打雷，从远处传来爸爸木法沙的声音）

辛巴：爸爸！

木法沙：辛巴，辛巴，你把我忘记了。

辛巴：没有，我怎么会忘记爸爸呢？

木法沙：辛巴，忘记你是谁，就等于忘记我。

辛巴：爸爸，我该怎么办？怎样才能战胜恶魔？

木法沙：辛巴，记住你是谁。你是唯一的正义的未来之王。再说一遍，记住你是谁……记住……记住……

辛巴因自己害死爸爸的负罪感，放弃狮子的生活，选择每天吃蚯蚓和甲虫过日子的平凡动物的生活。辛巴失去狮子的身份，忘记自己是谁，也不清楚今后的日子怎么过，失去了生活的方向。这时，久违的爸爸指引了方向，“儿子，忘记你是谁了吗，记住你是谁。你是唯一的正义的未来之王”。辛巴听爸爸的话决定回故乡，爸爸唤醒了几年来谁也没能改变的辛巴的心。

爸爸具有巨大的力量，可以影响孩子的心思。孩子通常跟妈妈在一起的时间长，也许因为妈妈话有点多，孩子把妈妈的忠告当成唠叨不屑一顾。可对爸爸有力量、有权威的话语做出不同的反应。说得再好，说多了变成废话，干脆不说就变成漠不关心。需要让孩子清楚一件事情，由爸爸认真、简要传达事情的重点对孩子影响很大。

看着眼睛，孩子敞开心扉

美国等西欧国家和韩国有不少不同之处，其中最具代表性的不同应该是互相看着眼睛交流。很多东方人可能和我一样，记得小时候听父母讲，面对年长的人不要盯着对方的眼睛，而是要目视脸部下端或胸部。和长辈交流的时候，偶尔注视对方的眼睛，被认为态度傲慢和具有挑战行为。我已适应这种文化，在美国留学和工作的 12 年来，感到很多不便。

读博士的时候，发生过这样一件事情。我的导师年过六十，对我非常好，经常鼓励我，让我相信未来。有一次见面快结束的时候，他说，“根圭，我能谈一谈我对你的一些想法吗？”教授接着说，“你跟我交流时，不直视我的眼睛，刚开始我以为是因为你对你的英语没有信心。在美国，如果你不看对方的眼睛，对方认为你不愿意交流……我带韩国研究生，听说过，在韩国跟长辈说话直视眼睛是没有礼貌。可在美国，不看眼睛说话，被认为你欺骗对方或对话题不感兴趣，又或你不尊重他。从今以后我们之间交流，希望你直视我的眼睛。”

听了导师的话后，我努力改进我的习惯。如今，对我来说，看着对方的眼睛反而更加自然，已形成一种习惯。还学会气氛尴尬时一笑而过的习惯。

孩子出生后，父母看着孩子的眼睛说话。看着孩子的眼睛，观察孩子反应，是父母最大的快乐之一。婴儿出生 6 周到 8 周，可以辨别父母的面部，过了 3 个月就可以注视着眼睛。这个时期，孩子最愿意看的就是父母的眼睛。

教皇约翰十三世说，“相互看着眼睛意味着架起连接心灵的桥梁”。在西方国家有人认为，眼睛是通往灵魂世界的窗口。这与我们所说的“眼睛是心灵的窗户”是异曲同工之妙。在西方，很久以前就认为，毫不顾忌地直视对方的眼睛代表正直、自信和信任。

蒙台梭利幼儿教育理念对现代幼儿教育影响很大，该理念中心思想之一是“准备好的环境”。这概念包括教师和孩子交谈之前，要调整自己的眼睛高度。这不是简单的调整身体高度，而是意味着尊重孩子的想法并愿意倾听。上课也如此，教师应该看着每一个孩子的眼睛，关注孩子说话。

爸爸和孩子之间也一样，从互视眼睛开始建立相互关系。在孩子成长过程中，抱起孩子、一起看书、做游戏等所有的活动都应包括互视眼睛行为。孩子个子长到到爸爸腰部的时候，爸爸蹲着才可以跟孩子互视。看着对方的眼神，爸爸和孩子互相读懂对方的心情和感情状态。

田纳西大学医学院坎贝尔博士认为，爸爸通常不太熟悉跟孩子进行眼神交流，需要苦练，才能做好这件事。平时不跟孩子进行眼神交流，突然有一天看着孩子的眼睛说话，不会达到预期效果。眼神交流应自然而然地、在轻松的气氛中逐步形成。

如果孩子出现问题，父母都很着急。但不能看着孩子的眼睛，不分青红皂白地批评孩子。应该先记录孩子的问题，然后和孩子面对面坐着，看着孩子的眼睛，努力通过交流解决问题。当然，要改变孩子的生活习惯，首先父母要形成正确的生活习惯。

越散漫的孩子越需要眼神交流。话又说回来，孩子散漫的性格不能忽视父母的影响力，爸爸首先应看看自己的生活是否一团糟。对散漫的孩子不适合采取唠叨、命令、威胁的教育方式。这种方式反而会引起孩子的反感。想给孩子讲爸爸自己的想法，要求孩子做点什么，想传递重要信息，应该和孩子面对面坐着，互相看着对方的眼睛，清楚和明确地表达意思。还要记住一点，不要急着传递自己的信息，首先注意观察孩子的心思。

时而对孩子倾诉爸爸自己的苦恼

亲子关系应横向与纵向关系相协调。孩子健康成长需要与人咨询自己所经历的问题，第一个当孩子咨询师的人尤其重要。如果这第一个人倾听自己的苦恼，提出问题的解决方案，而且成功解决问题的话，孩子有可能下次再找他当咨询师。

一般儿子向爸爸倾诉，而女儿向妈妈诉苦。可有时，父女谈话和母子谈话更为适合。根据孩子和父母的性格可以选择不同方式。另外，通过与父母的交谈不能解决问题，孩子就找朋友咨询。有些孩子干脆不找父母，直接找朋友。因为同龄人之间，更理解对方并容易达成共识。可也有缺点，同龄人咨询师提供的不是全面解决问题，而是暂时解决部分问题的办法，甚至为了解决问题有可能做出错误的选择。

生活中我们面临许多苦恼。有苦恼时，有些人找合适的人分忧，而有些人自己独自战战兢兢。身边连可以诉苦的人都没有，这是最孤独和凄凉的事情。

我的小学毕业典礼，我家里谁也没有来参加。理由是我没能获奖，丢人现眼。看着有人送老师小礼物，考试作弊的孩子获奖，并受到家人的鲜花和祝福，我幼小的心灵开始愤怒。跟家人解释，但没人听，也没人理解我的心情。那时，我平生第一次感觉愤怒和挫折，而且独自承受那沉重的心理情感。自从第一次受到心灵的创伤，每次被冤枉或出现需要解决的问题，我也不找家人商量。我逐渐封闭自己的心灵，变成胆小、怯懦的孩子。后来我找到能谈心的朋友敞开心扉之前，噩梦般毕业典礼的记忆一直占据在我的脑海。

最近看到一篇一位父亲阻止自己孩子自杀的报道。那天早晨，在学校总被排挤的孩子上学时说，“妈妈、爸爸，再见！”。父亲仔细观察孩子的一举一动，马上与孩子的班主任联系。这个孩子在学校被所有人的排挤，饱受学校暴力，身心俱受创伤，最终做出极端选择。孩子留下遗书上了教学楼屋顶，但孩子的父亲及时联系学校，才能阻止孩子跳楼。是爸爸的细心观察和果断行动阻止惨剧的发生。

看到孩子表情暗淡，可以问一问有什么烦恼，问孩子能否说一说学校发生的事情。只要有人给予关心，有人倾听诉苦，孩子顿时觉得心里的烦恼消失了一大半。孩子说完后，请你先说，“心累了吧，知道不好说出口，还讲给我听，爸爸谢谢你”。一边说一边紧紧拥抱一下孩子，这是对孩子是最大的安慰。之后，与孩子相谈为了解决问题，爸爸该做什么事情，孩子该做什么，经过讨论十有八九能找到问题的解决办法。

并不是只有孩子有苦恼。父母的苦恼比孩子多得多，只是大多数父母都不太习惯与子女谈论自己的苦恼。因为父母不把子女当成倾诉的对象，又对孩子怎么接受父母的倾诉没有把握。其实，有时孩子也能当咨询师，帮父母解决问题。虽然孩子一般不能直接提出解决问题的办法，但孩子了解父母的苦衷可以变成解决问题的钥匙。孩子已准备与父母谈心，而父母却对孩子没有敞开心扉，这也是问题。不论孩子或父母，对方过于心思缜密就无法谈心。尤其是爸爸，不愿意让家人看到自己软弱的一面。如果爸爸表现的过于完美，孩子很可能变得自卑，或孩子觉得爸爸是虚伪的人。当爸爸说出自己的失误和苦恼，孩子不但不会失望，反而觉得爸爸有人情味。

有时，我也跟我儿子镇河诉苦，儿子的回答偶尔令我大吃一惊。“啊，原来如此。怎么不早说啊。不要太担心，有我呢。一切都会好起来的。爸爸，加油！”然后，举手和我击掌，接着说，“那么，我们继续骑自行车去？”说完自己先跑过去。看着儿子的背影，感觉压在胸口的石头被放下，心情瞬间神奇地变得轻松起来。儿子也许是从妈妈和爸爸那里学的那些话，或者从童话书和动画片学到的。不管怎么说，孩子学会安慰和关心人，这是养育孩子最大的快乐之一。

孩子到一周岁，开始理解父母的语言和行动，逐渐努力适应父母的行为。这时，父母应保持适当、灵活、始终如一的表现。父母对孩子发出的讯息快速做出反应，孩子首先判断父母是信得过的对象，形成信任感。在种信任的基础上，孩子获得感知和共鸣他人情感的的能力。

在这过程中，父母应仔细观察孩子的言行，觉得孩子发出的讯息不妥，应及时给予纠正。比如，孩子说，“我怕垃圾车！”父母应反问说，“啊，是吗？为什么怕垃圾车？”以这种方式对孩子的情绪表示同感。孩子说，“它跑起来响声很大，我觉得有危险，等汽车过去了，我们接着走好不好？”父母应该回答说，“看来你很怕垃圾车，那么，汽车过去后，咱们再走吧！”。孩子感觉不安和恐惧时，需要弄清其原因，安慰孩子，满足孩子的要求。

孩子觉得自己的要求被父母接受，可以进一步扩大与父母的共识。感知和接受他人情感的能力，是在生活中应具备的宝贵的美德。有人说，这是情商的一部分。共鸣能力与沟通能力相连，发展为利他的行动。这种技能不仅有助于孩子在自己所属的集体生活，将来孩子进入社会成长为社会领袖，起到更重要的作用。

成为孩子好朋友的 6 种方法

还记得小时候读过一本书，叫《爱心树》。这本书讲述一颗苹果树和男孩儿的故事，应该很多人还记忆犹新。

男孩儿每天在苹果树下玩耍，男孩儿和树成了无比亲密的好朋友。后来男孩儿对苹果树失去兴趣，离开苹果树去远行，苹果树独自度过的时间越来越多。有一天，男孩儿回来跟苹果树说需要钱，树就给他自己的苹果。不久后，男孩儿又回来说需要房子，树就给他自己的树枝。长大成人的男孩儿回来说想去旅行，树就让他用砍自己的树干造船。过了很久，男孩儿变成老人回来，树说舒服地坐着休息最好的是树根，就给男孩儿自己的树根。

随着年龄的增长，我也当了爸爸。如今明白苹果树对男孩儿的心意就是为自己的孩子无私奉献的父母自画像。苹果树忍受痛苦，自我牺牲，毫无怨言地一直支持和鼓励男孩儿，让我们思考爸爸的作用。爸爸是孩子的好朋友，也是在人生长河中不断鼓励和支持孩子的长辈。这并不是强迫爸爸牺牲自己。一匹好马不认为自己的骑手是负担，而是认为骑手是自己的伙伴和另一个“自己”。

很多爸爸苦于不清楚怎么跟孩子交谈，玩什么游戏。那么，怎样才能建立和保持爸爸和孩子之间友好关系呢?

第一，要详细了解孩子关心什么，喜欢什么和不喜欢什么。这时，请和孩子关系好的人或了解孩子的人帮助也是好办法。如果，掌握孩子喜欢的玩具和书，喜欢吃的东西起，其效果更佳。

第二，跟孩子一起玩游戏。在这之前也曾经强调，发生肢体接触分享游戏的效果是最快最好的。如果缺乏游戏知识，可以回想自己小时候玩儿过的游戏。玩起来容易的游戏对拉近亲子关系最有效。

第三，回到童年。言行接近儿童，有助于拉进相互距离。为此，需要掌握孩子的语气和孩子熟悉的词汇。平常我跟孩子一起看“小企鹅宝露露”、“TAYO 小巴士”、“可可梦”和“布隆家族”等节目，和孩子玩游戏的时候模仿片中动画人物的言行。

第四，不要在意性别。和孩子交流时说男孩不能玩过家家、玩娃娃、穿红色或粉红色衣服，使孩子形成狭隘的思维或不完整的性别观念。女孩也一样，没有任何理由阻止女孩玩汽车、火车和踢球等。不要分清儿子和女儿，让孩子尝试各种各样的游戏。在高速发展的现代社会，没有固定男女不同的作用。现代不只是要求每个人做好一种角色，而要求做好各种角色和具有灵活的思维。孩子玩儿的游戏经历决定长大后的思维多样性和灵活性。所以，为了扩展孩子的思维，有必要为孩子提供给自由和舒适的游戏环境。

第五，重视承诺。让孩子重视承诺，当然首先爸爸要做个典范。难以履行的不轻易承诺，一旦承诺必须履行，如违约必须道歉。还有一点很重要，就是当孩子履行自己的承诺，不要忘记表扬和鼓励。这是爸爸和孩子何时何地都能堂堂正正、理直气壮做人的方法。请记住，积少成多，每一个细微的信任被积累，加深亲子间的信任。

第六，充分了解自己的性格。爸爸具有多重性格，既有战士般权威和主动出击性的一面，还有喜欢教育人的一面，包容和安慰的一面，朋友般亲切的性格等。在现实生活中，突出表现哪一种性格，显现出每个人不同的人格。爸爸心理咨询的第一课就是分析爸爸自己的性格，在此基础上，扬长避短，我为每一个爸爸提出不同的教养模式。

比如，“你身上缺乏对子女温柔的温暖和安慰孩子的一面，相反你主动出击的性格过于强大，不尊重孩子，所表现的言行也有点粗暴。下一节课练习丰富你情感办法和技巧。然后，对你过激的战士性格进行心理治疗，教会你和孩子一起进行体育活动或户外活动的办法，以将你战士性格的一面转变为优势。”

当一个像朋友的爸爸是好，保持爸爸的权威也同样重要。历代为人都既幽默又亲切，又认真又威严。当领导也如此。这就像双刃剑，偏重一边，恶化亲子关系。对待孩子过于随便，孩子形成没有礼貌、自私的性格。而过于威严，孩子则形成被动的性格或充满反抗心理。

爸爸和孩子之间必须保持长幼有序。但不能采取一方君临天下统治另一方的方式，爸爸应该做那些事情，孩子不许做这些事情，基于这种传统观念，无法建立健康的亲子关系。过分干涉和没完没了教训对孩子没有好处，同样被孩子牵着鼻子百依百顺也不对。明智的爸爸应有坚定的信念和人生的哲学。

幽默，经营家庭的力量！

美国人都很注重幽默。在我工作的大学里，每次开重要会议时，校长或系主任都理所当然地先说几句幽默。即便是讨论严肃议题的会议，也引起大家开怀大笑，以此缓和参会者的紧张情绪，也表示亲近感。

一起欢笑是生活的一种表现，意味着相互间有很多共同点。没有笑声的家庭是枯燥无味的。让人窒息的沉重的家庭气氛，冲动和不稳定的家庭状况，是破坏孩子心灵和人格最可怕的敌人。而爸爸是最容易改变这种气氛的人。如果爸爸缺乏幽默感，需要想其他办法。歌舞也是形成和睦的家庭气氛的好方法，为了造成良好的家庭气氛，任何努力都值得去做。

担任幼儿教师的时候，每周一我都跟孩子们聊周末发生的事情。我的目的是为了给孩子们创造一个大家共享的机会，让他们谈自己家人在一起的事情，谈一谈读的有趣的书，还有旅行中发生的事情等。每个月还办一次孩子们的生日宴会，孩子们通过这种活动可以展示自己的专长和技能。在集体活动中，最受孩子们欢迎的不是最具才华的孩子，而是具有丰富幽默感，让大家欢笑的孩子。有幽默感的孩子为大家带来活力，总是很多小朋友围绕在他的周围。这样的孩子也不刁难其他孩子，人气投票排名一直领先。幽默的孩子还具有超强的凝聚力，而其领导能力也逐步得到加强。

当时，有个孩子叫永友。他经常逗给老师和孩子们欢笑，在小朋友当中人气极高，也显示领导才华。有一次，永友的爸爸来参加亲子班。永友的爸爸给孩子们讲故事，在场的所有孩子和大人都被他的机智和才华感染，尽情欢笑。永友的爸爸改编童话故事，模仿书中各种人物，表演形象和生动，大家都表示佩服。亲子班上课结束，我请教永友的父亲其秘诀，他的回答让我受益匪浅。

“孩子小时候，几乎每天我都和孩子一起读童话书。刚开始照童话书扮演人物都费劲，坚持几年后，加入有趣的素材，改编原作内容，还体现自己的想法。还好，孩子喜欢幽默，愿意听我讲故事。也不是什么了不起的本领，听老师表扬，有点惭愧。”

其实，永友的爸爸在自己幽默感的基础上，通过每天反复训练创造了自己独特的快乐编码。永友的爸爸补充了一句，平时教训孩子的时候，如果加入幽默因素，孩子不会觉得受到伤害，更愿意改正自己的错误。

爸爸快乐，妈妈和孩子也同样快乐。幽默的快乐因素具有很强的感染力，让人欢笑和感觉幸福。幽默还可以治疗受伤的心，培养孩子的创造型思维能力。不仅如此，幽默是不可忽视的领导才华之一。具有幽默感的孩子长大后积极面对世界，幽默的孩子更容易抓住人生伴侣的心。尤其发展理想的人际关系，建立紧密的联系，幽默是最好的武器。因为，哪里有笑声，人们就往哪里去。

爸爸的第8个习惯

爸爸很爱妈妈

对爸爸来说，当一个和睦家庭的一家之主并不难。每天当着孩子面说妻子的好话，经常跟孩子讲妈妈的宝贵。孩子自然认为自己成长在幸福的家庭，因为孩子认为最美好的画面是爸妈的亲密关系。

最美是父母恩爱

夫妻关系是对亲子关系影响最大的变数。大多数爸爸重视子女的教育，对孩子和蔼可亲，对妻子却漠不关心，没有做到相敬如宾。如果真正关心孩子，首先要对妻子好。

孩子出自娘胎，天生在妈妈身体和营养、感知能力、社会背景的基础上成长和发育。尤其孩子小时候愿意把妈妈和自己视为同一个人。因此，孩子看到爸爸与妈妈恩爱的样子，自然觉得自己也被爱和受到尊重。在这种环境下长大的孩子，日后也像爸爸一样对待妈妈和其他人。相反，如果爸爸对妈妈使用家庭暴力或冷暴力，孩子认为爸爸使用的暴力也是针对自己，并因此受到伤害。

在孩子眼里，尊重和呵护妈妈的爸爸帅气十足，也因此更加信任爸爸。不过，维持相敬如宾的夫妻关系并不容易，婚后家里大大小小的矛盾会越来越多。

过去丈夫和妻子的工作分工很明确，丈夫在外工作努力养家，而妻子在家做家务带孩子。因此，不少丈夫回家对妻子大发雷霆，“整天在家连孩子都教不好！”。随着工业化的快速发展，如今双职工家庭越来越多，而大家庭也逐步变成几口之家的小家庭，男人和女人、丈夫和妻子、爸爸和妈妈的分工不再明确，出现交叉和重复。爸爸和妈妈共同养育孩子，一同分担家务，才能经营稳定的家庭。如今，爸爸们在一起运动，其中有一位爸爸若无其事地说，“我该回家看孩子！”，这已成常态。因此，在养育子女、分担家务、生活开支和家庭财务等方面，夫妻之间的矛盾越来越多。

约翰·格雷的《男人来自火星，女人来自金星》说，出现问题，男人喜欢躲到洞穴思考，以寻找解决问题的方法；女人则愿意通过语言交流解决问题。这真是天壤之别。讲述不同的想法，说明不同意对方的理由，这并不是攻击对方的行为。然而，大多数人认为，如果对方不同意自己的意见，就错误地认为对方在攻击自己。

男人和女人，特别是夫妻之间的矛盾大多围绕金钱、性关系、解决问题的主导权、养育子女、经营家庭的责任和分工等。协调相互不同立场和解决问题的方法是，制定双方都同意的“规则”。比如，有一种叫画图的纸牌，各地的玩法和积分法都不一样，为了防止玩家争吵，开始打牌之前首先制定规则。夫妻之间也同样需要共同规则。

我和妻子在新婚时期就财务管理、养育子女和分担家务制定规则大纲。有了孩子以后，当然发生了意想不到的事情，我们每次都通过讨论，增加了双方同意的新规定。偶尔出现难以统一双方意见的难题，那就需要一方发挥让步的美德。我认为妻子的意见更为恰当的时候，果断地收回我的主张。两种声音和谐就变成“和声”，不协调则变成“噪音”。夫妻要实现美丽的和声，必须尊重和落实共同规则，除此之外别无他法。

佛教里有将妻子分为七类的故事。这是不仅涉及到妻子，也可以指夫妻的故事。而且，这是很久以前的故事，难免有些与现实不符合的地方，需要目的性选择，取其精华。

第一，抹杀丈夫(妻子)的妻子(丈夫)。这种妻子自私、邪恶，瞧不起丈夫，经常对丈夫发脾气。不尊重丈夫，忽视丈夫的存在，不信任自己的丈夫。一人掌握家庭的经济大权和决策权力，时时指责丈夫的缺点，伤害其自尊心，一有事情发生，就咬着过去不放。在妻子的指责和唠叨面前，丈夫无法辩解，只能保持沉默。遇上这种妻子的丈夫，没能享受生活的快乐和幸福，遗憾终生。

第二，像小偷的妻子。丈夫在外辛辛苦苦挣钱，妻子应该管好钱财，过好日子。但这种妻子管理的家没有积蓄，过一天算一天。一句话，是依赖丈夫的吸血鬼。赌博或整天跳舞，偷偷把财产转移到娘家，当成自己私房钱的妻子就是像小偷的妻子。

第三，像主人的妻子。这种妻子仗着娘家财产或自己的美貌，把丈夫当成家奴或佣人来使唤。有时候以教育孩子为借口，强迫丈夫做出牺牲。自己则懒得要命，整天在外面疯玩，根本不做家务。洗碗池里经常堆着没洗的碗筷，电饭锅里的剩饭早就长毛。如果丈夫和孩子表示不满，这种妻子就两眼冒火，气势汹汹，如同践踏一切的暴君。

第四，像母亲的妻子。这种妻子细心照顾丈夫和孩子，每天按时精心准备丰盛饭菜。为了构建快乐的家庭，献出一生的韩国传统母亲属于这种妻子。即便丈夫固执己见，跟自己意见不同，她还是尊重丈夫，为丈夫鼓起勇气。偶尔因为丈夫家里出现困难，也为丈夫和孩子献出自己一切。

第五，像妹妹的妻子。这种妻子虽然不会做家务，但对丈夫撒娇，对待孩子像温柔的姐姐。这样的家庭充满欢乐。把自己打扮为可爱的女孩，也因打理好丈夫和孩子的衣着和发型等，受到丈夫和孩子朋友们的好评。

第六，像朋友的妻子。这种妻子像相识很久的老朋友，志同道合，既有战友般的义气，也保持妻子的情操。站在朋友的立场，倾听丈夫；丈夫想听建议，谨慎提出自己的想法。把丈夫当做自己生活的伴侣，不拘小节。

第七，像佣人的妻子。如今，很难找到这种妻子，但佛教认为像佣人的妻子是最理想的妻子。这种妻子经常在家打扫卫生、保持家里清洁、用心为家人准备饭菜。主动为丈夫和孩子的生活准备一切，连他们朋友的事都已想到。即使生气也不失去理智，当着家人的面不发脾气。管理家务的水平也一流，家庭状况越来越好。协助丈夫步步高升，有计划地准备孩子的学习和未来，如同神奇女侠。说明一下，这种妻子是不存在的。

在写这篇文章的时候，我仔细想过我到底是哪个类型的丈夫。不能准确符合一种类型，应该接近像妈妈的丈夫，像哥哥的丈夫。当然，我的内心也存在像“主人”或“小偷”的不成熟的自我。有时，这种意识变现为生活中的言行。问题的关键是努力发挥自己的优点，改进和弥补不足。给妻子送礼物或安排活动，这并不重要，重要的是不做妻子不喜欢的事。如果犯了错误，就要承认自己的错误，诚恳道歉，并加倍努力做好。

我突然想知道，在妻子眼里我是什么模样的丈夫。

对妻子的关怀从小习惯开始

关怀，指帮助对方或关照对方的行为，其主体是对方。比如，开门进屋时，看见后边跟着人，把门等候后来人，这细小的动作也是一种关怀。

大家应该有这种经历，恋爱的时候帮恋人开关车门关车门，散步的时候让女性走人行道内侧，下雨的时候宁愿淋湿自己的一个肩膀，也把雨伞让给恋人。首先想着对方，以语言和行动来表现我的时间和所付出努力，这就是关怀。

在家里，爸爸的关怀是最基本的生活习惯。关怀并不是从做好事开始，而是从不做妻子和孩子不喜欢的行动开始。从培养使用过的物件放回原处，洗澡后收拾浴室，要洗的衣服放入洗衣机，及时倒掉垃圾等最基本的生活习惯，到不做妻子和孩子最不喜欢的早出晚归或周末睡大觉，饮酒过度，吸烟等，这都是关怀的表现。

2 年前，我去日本大阪参加一个学术会议。有一天，参会的几位同事到大阪市区的一家餐厅用餐，目睹了一件让人哭笑不得的事情。这个餐厅不分吸烟区和禁烟区，我们的对面有看似一家人的日本人在用餐。爸爸和妈妈挨着坐，对面坐了十来岁的孩子和看起来比他小两三岁的孩子。先吃完饭的爸爸，当着正在吃饭的孩子，若无其事地抽烟。在餐厅抽烟已经让人惊讶，更让人不可理解的是，他竟对着吃饭的孩子吐满口的烟。即使带孩子到再好的餐厅吃饭，那种人都没有资格当爸爸。

20 多年前，我上大学的时候，韩国也有人在公共汽车上抽烟。如今，很少有人在家抽烟。为孩子和家人的健康，不在家里抽烟，这虽然是小事，但也是一种爸爸的关怀。

如今，年轻爸爸中大多数是独生子或两代、三代、甚至四代单传。在现实生活中，在家里是小皇帝，很少培养关照别人的习惯。

最近，离婚率急剧上升。对此，有些家庭学专家指出，“各自在家里当宝贝养大的独生子和独生女结婚后，丈夫想当王子，而妻子想当公主。夫妻都以自己为中心，为了争取控制权吵架，由此产生矛盾。被称为家庭的城堡里，只有王子和公主，没有臣子和佣人，其结果家庭不幸，最终到了离婚的地步。”

我认为，这种分析有几分道理。丈夫和妻子中由一方控制另一方的时代已经过去。为了健康的家庭，要关怀和让步。如果互相不关怀对方，互不让步，不能实现家庭和平。请记住，不幸的种子来自于不关怀和不让步。

我有个女同学，她的丈夫毕业于首尔一所重点大学，现在韩国一家大型企业工作。他具有卓越的业务能力和良好的人际关系，步步高升，在奔向成功的大道上前进。恋爱的时候，他很浪漫，下雨天给她打电话唱首歌，夜深了约她见面，送 100 朵玫瑰，说是为了纪念见面一百天。

可结了婚有第一个孩子以后，他完全变了。借工作忙为理由，常常早出晚归，即便回家早，不要说分担家务，连孩子也不照顾，只顾躺在沙发上，而这种情况越来越严重。像住旅店似的饭做好了就吃饭，看自己喜欢的电视节目，看完睡觉，起床上班，每天重复着这种生活。前几天，我同学叫他吃饭，他很不情愿地走过来打量一下饭桌又回房间。问其原因，他说，又是泡菜汤，没有他喜欢吃的，不想吃了。我同学当场扔掉围裙，带着孩子回了娘家，丈夫则回婆家，吃着婆婆做的饭，若无其事地上下班。我的同学唉声叹气，想找到问题的解决办法。

解决这种问题，首先要坦率交流双方所面临的问题，达成共识。之后，为了健康的夫妻关系和家庭幸福，制定一项双方都同意的规定，并努力落实这项规定。爱一个人从倾听对方的话开始，如同妈妈注意听婴儿的哭声。敞开心扉，充分和认真听对方说话，表示同感和同意，再发表自己的意见。如果，双方互相了解对方的立场，问题就等于解决一半。

希望我同学早一天听到丈夫的这样一句话。

“亲爱的，对不起。我没想到你做家务，照顾孩子这么辛苦。我工作忙、压力也大，本想在家放松一下，没想到我太过分。听了你的话才明白，我没能理解你的心情。很抱歉，今后，我会努力改正你说的那些问题。亲爱的，我爱你。”

不能触动妻子的情结

每个人都有自己的软肋，没有人能容忍触碰自己的弱点。关于对方的弱点或软肋，有些话是绝对不能讲的。有智慧的人，绝对不揭对方的短。相反，找出对方的优点，予以表扬和鼓励。

据韩国一项统计资料，2012年，韩国有十一万四千三百对夫妻离婚。这相当于一小时有十四对夫妻离婚，韩国的十一对夫妻中就有一对夫妻已离婚或面临离婚。离婚原因中，比例最大的是性格不和，之后依次为财务问题，配偶有外遇和关于养育孩子的矛盾等。

深入分析性格不和，发现很有趣的事。夫妻互相不满意对方的态度，在这方面丈夫和妻子表现完全不同。妻子的不满是丈夫婚后与婚前相比一点都没有变，而丈夫的不满是妻子对自己的态度与婚前不同。

男人即便成了一个女人的丈夫，也不愿意改变自己的生活方式。一夜之间很难放弃穿名牌衣服、开好车、随心所欲地生活，丈夫认为妻子应为了保持他原有的生活方式而牺牲自己。

相反，妻子通过结婚和分娩，经历了自己的生活完全被改变的过程。当了妈妈，经历身体和状况的变化，努力适应新的生活。婚后，妻子放弃婚前喜欢的很多事情，为工作、家务和育儿付出一切。这时，丈夫不但不感激自己，也不为自己减轻负担，生活为所欲为，妻子当然生气。

严格说，性格不和就是文化差距。结婚前，男人和女人各自生活在不同的环境。生活习惯和价值观，生活的家庭文化都不同，解决问题的方式也不同。结婚就是不同的两个人生活在同一个空间。婚前，如果没有充分经历矛盾，解决问题的经历，婚后更难以克服危机。

尤其重要的问题是，孩子看着这样的爸爸长大。爸爸怎么对待妈妈，孩子就会照做。爸爸不尊重妈妈，孩子同样对妈妈不礼貌。爸爸跟妈妈说，“喂，吃饭！”，孩子也会跟妈妈说，“吃饭！”。每天重复这些，家里就很难实现和平。

一个家庭，把丈夫当成佣人，把妻子当成丫环，这家的孩子只能是佣人和丫环的孩子。如果家里发生这种事情，该是多么可怕。

一天一次，当着孩子，称赞妻子

希望孩子幸福，首先父母要幸福。看着父母互相尊重、理解、恩爱，在这种环境下长大的孩子，心里素质好，清楚家庭的宝贵，相信家庭。从今天开始，当着孩子的面，称赞自己的妻子。

“哇，好香！还是妈妈做的泡菜汤最好。对吧？”

听着妻子当然高兴，孩子也觉得自己生活在幸福的家庭。

如今，多数爸爸还不太擅长表达爱情。他们还不相信这些微不足道的小事，对家庭起什么作用。各种研究证明，爸爸对妈妈小小的关怀和爱情表达，对家庭带来很大变化。只要大家相信并实践，一定会有效果。

根据研究结果，如果爸爸不尊重妈妈，孩子长大后不自尊，在社会上引起诸多问题。尤其是男孩，不能确立正确的性观念，突出表现出暴力并容易有挫折感，充满不满情绪。另外，女孩自卑“自己是女人”，性格过于内向，和朋友在一起，不能表达自己的想法，缺乏自信。总之，得出一个结论，当爸爸和妈妈幸福的时候，孩子也感觉幸福，一个家庭变成一个幸福的共同体。

如果，在不得已的情况下，爸爸妈妈当着孩子的面吵架，那么，必须当着孩子的面和好。孩子吵架或打架时，父母要求孩子和好，而父母做不到，这本身就是矛盾。让家庭变成天堂还是地狱，取决于你的一句话和承认错误的勇气。所以，需要多做练习挑好话说，选择恰当的词汇，坦率地向对方传达心意。

说起来容易，做起来难。但为了家庭和睦，教养好孩子，只要有心，没有做不到的事情。如果不容易称赞对方，就先改变交流方式。尽量避免做以下事情，不要对方说话时插嘴，不要对方话音刚落，马上发表自己的立场，肯定和允许一件事情时不要附带任何条件等。这种交流方式只能恶化关系。可以试一试以下这种交流方式。

“我很难接受你说的话，但仔细想一想，你说的也有道理。让我再想一想。”

“如果你认为我瞧不起你，我向你道歉。我的话伤你自尊，那我诚心诚意向你道歉。我的本意不是伤害你。”

“我知道你不好开口，谢谢你坦诚发表你的意见。”

“亲爱的，我爱你。我不知道你如此深爱着我。”

包含着真心、努力和尊重的这些话，可以解决问题。换位思考，发现自己的错误，就要赔礼道歉。接着要安抚对方的创伤，真心安慰对方。以我个人的经验，使用敬语和尊称容易解决问题。因为敬语中包含着尊重对方和真心。

如果，爱停留在表面就没有特殊的意义，只有用行动表现出来的时候，爱才具有生命力。子女和妻子想确认爸爸和丈夫的爱。知道这个事实吗，通过不断练习和训练爱会变得更加成熟。爸爸对妻子和子女说，我爱你们，谢谢你们，我相信你们。这些话多多益善。

孩子经历的第一个社会是家庭。在家庭的共同体中，孩子的心里素质是人格形成中不可缺少的重要价值。同时不要忘记，要当受到尊重的爸爸，首先要当受到尊重的丈夫。

制定孩子的习惯目录

幼儿期是形成基本生活习惯的重要时期。幼儿期形成的习惯，随着成长发展，成为形成人品和性格的重要因素。如果，在这个时期，没有养成应该学会的习惯，孩子长大后也不容易形成自己的好习惯。所以，父母要特别注意，让孩子小时候就养成好习惯。

孩子在幼儿期要学习和养成的基本生活习惯有很多。自己穿衣脱衣，爱惜东西，东西用完后放回原处，讲礼貌，表示感谢，排队等候，遵守规律，从外边回来洗手，饭后或睡前刷牙等。

最理想最有效的方法是，父母以身作则，和孩子一起养成基本生活习惯。比如，家里大扫除的时候，鼓励和帮助孩子整理自己的玩具、书和衣服等。收衣服的时候，也积极引导孩子参与。父母和孩子一起从外边回来，一起洗手洗脚，饭后一起刷牙，需要父母起模范作用。

我带孩子一起去过牙科医院，等待医生的时候，我指着墙上贴的照片，给孩子讲一讲不刷牙的结果，吃甜食和喝碳酸饮料的结果。从那以后，饭后或睡前孩子主动刷牙，自己先拿牙膏和牙刷找我一起刷牙。

基本生活习惯不只包含关于身体的习惯，人与人之间也存在需要遵守的基本生活习惯。幼儿期的孩子常常吵架或打架，对这时期的孩子来说，也许排队等候和互相让步是最难培养的习惯。

因为，这时期的孩子还没有脱离以自我为中心的思考方式，不会考虑他人的情感，而所有的精力都集中在自己的愿望上。

通过培养孩子的基本生活习惯，有必要教会孩子，生活在这个社会，有时需要让步、和好和忍耐。如果因自己的错误，造成朋友或兄弟姐妹受到伤害，也要学会道歉。相反，因对方的错误，孩子受到伤害或不公平待遇，教孩子要求对方道歉。目的是让孩子学会光明磊落。在这过程中，孩子学会调整自己的情绪，具备客观思考和判断自己言行的能力。发生矛盾时，孩子学会全盘考虑问题，说明自己的想法，理解对方的立场。这种能力是解决问题的核心。

2007 年，韩国出台新的教育政策。之前，幼儿教育课程分为健康生活、社会生活、表达生活、语言生活、探讨生活课程。基本生活习惯是根据上述五个领域编写的教育课程。该教育课程的核心是，养成健康生活的基本习惯和作为社会一份子应遵守的基本习惯，以及积极表达自己的意见和想法，不断地探讨和研究的习惯。如果想让孩子养成好习惯，请在这五个领域的基础上，制定孩子需要遵守的习惯目录。孩子认真遵守习惯时，充分给予鼓励和表扬，以孩子在生活中培养好习惯。

上大学的时候，读过罗伯特·富尔格姆写的《我需要知道的一切，都在幼儿园学过》。这是一本很有名的书，也许大家都读过。社会变得越来越混乱，不断发生矛盾和纠纷，是因为不具备常识和根本的文化根深蒂固。这本书的主要内容是，告诉你最基本的生活习惯和必须遵守的社会规律。之所以这本书一度成为畅销书，是因为既简单又细小的基本规则没有被遵守。

也许，我们该学的已经学完，只不过，在生活中没有实践而已。

爸爸的第9个习惯

爸爸和妈妈是奇妙的组合

对孩子来说，爸爸和妈妈的作用是不相同的。爸爸不应干涉妈妈的权利和作用，要精神上支持和鼓励妻子。因为孩子的教育问题，妻子苦恼的时候，不要采取毫无关心的态度，或者介入问题的结局，而是要倾听妻子诉说。这时，爸爸和妈妈组成的奇妙组合发挥作用。

认可妻子的权利

成功养育子女，需要父母协调和合作。爸爸要忍耐，妈妈需要等待的勇气和智慧。最理想的画面是，生活中夫妻不吵架或不发脾气，但在生活中，夫妻间不争吵几乎不可能。也许，争吵是经营健康和幸福家庭必须经历的过程。

如同荡漾的水面照不好自己的脸，情绪波动时很难找到真正的自我。能够发现自我，控制自己的情绪，相爱并不是难事。

当着孩子的面，夫妻不吵架，表现恩爱和睦，这是最佳选择。妈妈和爸爸因吵架关系僵硬，孩子只能在紧张气氛和不安情绪中，看人眼色过日子。最近，我进行了一项“关于夫妻间结婚满意度和矛盾对幼儿人际关系的影响”的研究。在研究结果中，有一点值得注意，孩子成长的家庭环境，对孩子的情绪表现和人际关系影响很大。比如，在父母要求严格，让人产生恐惧，实施体罚的家庭环境中长大的孩子，大多数性格内向、情绪波动、有暴力倾向。在父母尊重孩子，通过交流协调意见和解决矛盾，以爱心和信任教育孩子环境下长大的孩子，学习成绩很好，面对同龄人集体生活和人际关系中发生的矛盾，也具有有效的解决能力。孩子的情绪不稳定或安全感，与家庭气氛，特别是父母的心里状态和对待孩子的情绪有直接联系。这一点需要我们注意。

快要结婚的很多情侣期待着，一结婚就能结束艰难的单身生活，奔向充满幸福的世界。对婚后即将面临的各种矛盾，毫无预测，一点防范意识也没有。何况有孩子出生，变成爸爸和妈妈后，问题更严重更复杂。

常常听有人说，“结婚后我丈夫变了。恋爱的时候，他很细心，关怀备至，又认真又诚实，没有想到他变成这样”。尤其刚当上爸爸和妈妈的新人，不是向着最终目的地行使，而是急于过眼前的红绿灯和避开各种障碍。在游乐园坐过山车的时候，孩子害怕的是因为不清楚有多大的危险和要持续多长时间。相反，大人清楚恐惧是短暂的，并有信心战胜恐惧，所以，反而可以享受恐惧。

根据研究结果，夫妻关系不和，爸爸对孩子很冷淡。一有小事也训斥孩子，惩罚孩子。这时，妈妈为了补偿孩子从爸爸那受到的伤害，更护着孩子。根据伊利诺伊大学麦克布莱德教授的“母亲的守门人作用”理论，妈妈在孩子和爸爸之间担当守门人。就是说，妈妈是守住连接爸爸和孩子通道的守门人。

实际上，妈妈认为爸爸参与育儿很重要，做好自己守门人的作用时，爸爸的育儿参与程度更高。在子女教养问题中，妈妈并不是戒备爸爸的守门人，而是引导爸爸更靠近孩子的引路人。即使爸爸对养育孩子有些不适应，存在一些困难，妈妈当着孩子的面，维护爸爸的威望，为爸爸提供孩子的确切信息。批评丈夫不关心孩子，并表示对丈夫的不满，对爸爸主动参与子女的教养没有一点帮助。这一点不能忽视。妈妈当着孩子的面说爸爸的坏话，等于教育孩子瞧不起爸爸。妈妈和孩子都不尊重的爸爸，在工作单位和社会上照样不会被尊重。

在邻居和家人或朋友面前说妻子坏话的人，同样不是合格的丈夫。如果，周围有个朋友在说自己妻子的坏话，最好远离那个朋友。因为，那种人在背后不仅议论自己的妻子，连最好的朋友也不会放过。

一个家庭要健康发展，让孩子很好的成长，需要建立健康的夫妻关系。不要忘记，爸爸和妈妈是一个团队。分不清敌军和友军的，会殃及很多人。即便爸爸和妈妈不是教养子女的专家，需要爸爸和妈妈发挥勇气和智慧，互相鼓励和等待对方成为养育子女的参与者。

“单独和一起”的快乐

“丈夫使妻子拥有爱和伴侣意识，让妻子更加忘我养育孩子。丈夫对妻子的情感支持，是影响孩子成长的重要变数。”

这是依恋理论家约翰·鲍比的看法。

爸爸和妈妈是养育子女的一个团队，其作用应各不相同。但并不是说，谁唱红脸，谁唱白脸。爸爸和妈妈组成一个团队，各自提供最好的教养和玩耍服务，直到孩子满意为止。重要的是，父母是为孩子提供教养服务的供应方，同时，当孩子幸福的时候，才能建立健康的亲子关系，从这个角度来说，父母也是受益者。

有时，爸爸和妈妈在各自的作用上发生矛盾和冲突，因为，关于各自作用分工没有制定规则或没有遵守规则。那么，爸爸该做什么，妈妈又做什么，夫妻组成一个团队，怎么做才能更好地教养孩子呢？

幼儿期子女的父母通常有错误的偏见，即，关照孩子的事情（抚养）由妈妈负责，而教孩子的事情（教育）由爸爸来负责。不要刻意区分抚养和教育，全家团结一心，这才是最理想的情况。

妈妈和爸爸教养孩子具有不同的特点。当然，在孩子吃饭、玩耍、看书等方面，爸爸和妈妈共同参与。但进一步深入观察会发现，妈妈更重视孩子的营养和健康，语言和认知发达，而爸爸注重孩子玩游戏、体育活动和室外活动。

比如，孩子洗澡，妈妈的目的是为了清洁和健康，而爸爸是为了和孩子一起玩耍。以我家的情况来看，我妻子帮孩子洗澡的目的是保持孩子身体健康，帮孩子洗干净身体，吹干头发、全身擦乳液，以防止皮肤干燥。而我的目的是和孩子一起玩耍，在浴池里开心地玩狗刨，浴池里还放玩具船和玩具鱼、玩具鸭子，玩钓鱼和潜水等。洗发精和肥皂沫是跟孩子洗澡时不可缺少的工具。互相为对方挤牙膏，然后面对面刷牙。参加养育子女活动中，爸爸和妈妈有细微的差别，而孩子认为这是爸爸和妈妈完全不同的风格。由此，孩子根据和谁在一起，再决定自己的反应和行动方式。

孩子逐渐熟悉与父母玩耍和相互作用，形成力学结构中三角形的亲子关系。一边是妈妈，另一边是爸爸，剩下一边则是孩子。孩子有时和妈妈在一起，有时和爸爸在一起，而有时和爸爸妈妈在一起。另外，还需要孩子单独的时间，从孩子的自立角度来看，单独的时间具有教育意义。

过去，关于父母教育的研究，主要是区分爸爸和妈妈的教养，研究其各自对孩子的影响。最近，随着强调“夫妻共同教养”的重要性，夫妻共同教养成为新的研究领域。

据夫妻共同教养专家詹姆斯·麦克海尔和莎拉·沙利文的理论，如果妈妈和爸爸不合作，双方爱情程度也较低，爸爸或妈妈中哪一方没能参与教养，孩子身上有可能存在诸多情绪问题。总之，夫妻共同教养对孩子对孩子情绪调整能力和社会相互作用的影响很大。

妈妈和孩子在一起的时候爸爸要保持距离，而爸爸和孩子在一起的时候妈妈也要退让一步，此外，还需要全家人在一起。这就是妈妈和爸爸共同教养孩子中最重要的概念之一，即和谐和均衡原理。就是说，孩子和妈妈在一起的时间，和爸爸在一起的时间，和全家人在一起的时间，这三角关系得以均衡发展，才是最理想的子女教养方式。但是，多数夫妻很难共同教养孩子，其原因有如下几点。

第一，认为父母各自参与子女教养，其效率更高。妈妈带孩子的时候，爸爸认为应该提高效率，参加公司会议或办理个人事情。同样，有时妈妈也愿意将教养孩子和个人业务区分，“老公，你哄孩子睡觉行不行？我去洗澡，还要给娘家打电话。”

第二，夫妻共同参与子女教养，觉得有诸多不便。大多数韩国的爸爸都不太熟悉爸爸、妈妈和孩子三人一起玩耍。夫妻共同教养子女研究的结果显示，爸爸和妻子共同参与孩子的游戏，一般都比较被动。比如，一起玩积木或拼图的时候，没完没了问妻子，“亲爱的，这个这样拼对吗？好像不对”。读童话故事的时候，读起来不太认真，又觉得不好意思，干脆让妈妈读。有两个孩子的夫妻关系更加疏远，妈妈和爸爸各带一个孩子睡不同的房间，或父母中一方带两孩子睡觉，另一方单独睡觉。

第三，与夫妻社会经济地位有关。比如，父母的收入和教育程度左右全家人在一起的时间和质量。家庭生活困难的状况下，妈妈和爸爸很难发挥合作的力量。当然，尽管周边环境不太好，家庭生活困难，也有夫妻完成共同养育子女的任务。根据研究结果，家庭生活的基本经济问题得到解决，夫妻共同参与育儿的可能性也大。

第四，与夫妻对结婚生活的满意度和双方的矛盾有关。夫妻之间的合作单靠妈妈或爸爸单方面的努力是不会有好结果的。夫妻都对结婚生活很满足，对教养子女方面具有强烈的取长补短的热情，才能建立理想的亲子关系。如果夫妻关系不好，夫妻之间有矛盾，就不容易在育儿问题上进行合作。

全家人一起去动物园或郊游，在一个帐篷里休息，这是很好的一种经验。因为这是孩子直接学习父母之间进行合作、互相关照的机会。躺在父母中间一起看童话书，数天上的星星，听妈妈爸爸讲小时候的故事，这是孩子了解父母，相互达成共识的好办法。全家人一起的体验活动是夫妻共同教养的好例子。

有一次，我听一位建筑学教授的讲课。首先通过视频让学生观看设计完美的建筑，再向学生提问，“大家在看什么？”大多数学生回答，“我们在看美丽的建筑”。教授说，“不是，大家在看建筑的影像。不要盲目相信建筑的照片或影像，并予以做出判断。亲自近距离观察建筑，才能做出更正确的评价。不要过分相信第二手资料。要亲眼目睹，亲身体验，而后做出判断，才能提高眼界”。夫妻共同育儿也是一样，不能只靠有效的教养结构或最理想的理论做出判断，一步一个脚印，通过体验改进错误，才可以找到并实践每个家庭最理想的定制型夫妻教养模式。

下面介绍实践夫妻共同教养子女的办法。

第一，夫妻共同教养子女，爸爸首先要留出可以全家人定期在一起的时间。如果因单位和家庭多方面的因素，无法确定大家在一起的固定时间，按照当时的状况可随时制定计划，均衡利用时间。

第二，和孩子在一起的时间很重要，同样，虽然时间不长，提高在一起的时间密度也很重要。

第三，重要的不是去哪里，而是跟谁去和做什么。比起花钱下馆子，孩子也许更喜欢全家人在家一起吃爸爸亲自做的爸爸牌方便面。大家一起吃饭，饭后一起到附近的公园散步也是好选择。

学会一起分享小事，才可以分享大事，这就是夫妻共同教养子女的模型。

妈妈的唠叨和爸爸的不关心

爸爸的教养方式与妈妈不同。当然根据每一个爸爸的性格和信念，其教养方式有所不同，但爸爸通常更关注孩子的硬件方面，而妈妈的教养集中在孩子软件方面。在韩国，自古以来传承各种传统。其中一个就是“儒家文化”的传统思想。东方国家的爸爸，尤其韩国的爸爸对夫妇共同育儿持消极态度就是因为儒家传统。以长幼有序、夫妇有别、严父慈母等代表的传统文化中，爸爸在妻子和孩子面前始终要保持严肃。相反，妈妈应该始终温暖和慈祥地保护孩子。

如今，要敢于推翻这些集体无意识和思考模式。有时需要爸爸扮演严厉的角色，有时则需要妈妈严格要求孩子。有需要爸爸慈祥的时候，同样有时需要和蔼的妈妈。现在几乎不可能只靠一种简单的方式教养孩子。在基本规则的框架内，根据情况有必要灵活发挥。

妈妈和爸爸对孩子的观点就有所不同。妻子认为丈夫不关心子女，丈夫则认为妻子的养育态度过于执著。比如，妈妈说，“你是孩子的爸爸，孩子不舒服，你怎么能这么镇定？”而爸爸回答，“孩子都是生病中长大的，你担心有什么用？过些日子就会好起来的”。

父母之间这种不同，每时每刻表现在子女的学习和朋友关系等一切事情。但是，妈妈和爸爸不同观点中也存在共同点。那就是不安心理。妈妈过度敏感的反应来源于不安心理，爸爸的不关心态实际上也基于不安心理。因此，不要互相拒绝对方的想法和态度，而是要通过对话交流各自的想法和意见，找到共同点，选择最佳方案。

既然讲到不安心理，暂且深入谈一下。如今，年轻的父母在育儿中所表现的不安心理有点过分。因为，有了互联网或书籍等各种媒体，父母接受的关于育儿和教育孩子的信息太多。知道的多反而更担心，从育儿的基础常识到身体发育、营养管理、育儿教育节目、幼儿园信息、学校信息、英语教育、早起艺术教育，甚至还有要上重点大学五岁之前做准备的信息，面对泛滥的育儿信息洪流，父母担心不能把孩子成功养大，由此产生不安心理。有媒体推介“A型养育法”，人们不分青红皂白去学习。在首尔的一个地区或一个社区流行新的育儿方式和教育方式，像一股风一瞬间传遍韩国各地。把我们父母一代的育儿方式看做是陈旧的，出现无条件排斥的倾向。

不断追随新的育儿信息和教育方式，没有自己的育儿主见，父母当然产生不安心理。请记住，没有综合考虑孩子的发育程度、家庭情况，再先进的教育方式也没用，反而对孩子有害。

再回到正文，妈妈的干涉和唠叨有时能提前预防孩子犯错误，爸爸的无动于衷有时也有效果。同样，爸爸的过分从容和慢吞吞的反应有时使情况更恶化，妈妈过于热情的干涉反而导致孩子的反抗心理。育儿和教育没有正确答案。如果孩子犯错误，首先客观了解情况。而后，考虑妈妈的热情处方合适，还是爸爸的不关心药效更好。

解决问题的办法不只一个。重要的是综合考虑各种情况，灵活寻找合适的方法。为了找到最合适和最有效的处方，妈妈和爸爸要组成一个团队，发挥团队力量。

教养的胜败取决于夫妻关系

一般认为，西方国家崇拜个人主义，东方国家蔓延集体主义。根据这种两分法来判断一个国家的文化是不正确的。不要只关注东西方文化的差异，而要关注根据不同情况表现不同的次文化。

比如，美国的重点大学培养引领未来的新一代，教育他们“了解多样性，具有广泛的认识，生活中关怀别人”。相反，在美国生活的日本人家庭的一些父母常对孩子说，“不要给别人添麻烦”，而有些中国父母和韩国父母常常对孩子讲，“要在美国社会生存，必须要认真学习。不要泄气，要坚强地生活下去！”。父母向孩子传达的并不是东西方文化的差异，而是通过家庭文化传达父母自己所推崇的价值观。那种家庭文化的核心就是父母的教育哲学和育儿信念。

有父母均衡的爱心，孩子才能健康成长。这就像偏食有害于健康一样。根据哈佛大学伊丽莎白·杜思马教授的最新研究结果，妈妈的养育与孩子的情绪、认知、语言发育、学习成绩有密切联系，而爸爸的养育与孩子的社会性、人际关系、解决问题的能力及主动性密不可分。这正是孩子要全面发展，需要妈妈和爸爸均衡的爱心和关心的理由。夫妻之间的信任和感情纽带是在孩子身上得以扩展。请记住，夫妻关系的优劣程度决定育儿的胜败。

父母共同教养子女，首先要解决的一个问题。尤其双职工夫妻，在育儿方面一定要组成一个团队。所有孩子需要妈妈和爸爸的爱心及物质和精神方面的支持，因此，父母共同教养的重要性显得尤为突出。马克·卡明斯和帕特里克·戴维斯把夫妻共同教养子女大体分成三个范畴。第一，对伴侣的支持；第二，分担教养的义务和家务；第三，一贯的教养形式。

首先，对伴侣的支持，从夫妻始终是一个团队，随时都可以互相替代的共同体观念出发。当妻子需要帮助时，丈夫要承诺并给予密切协助。而妻子事先想到丈夫照看孩子时面临的困难，及时向丈夫提供教养孩子的基本信息、孩子的身体、认知和情绪等信息。还有一点很重要。夫妻进行定期交流，讨论教养过程中发生的问题，开诚布公地谈希望对方做出的作用和义务。通过这种过程，减少不同意见，合理分配夫妻各自要做的事情和作用。同时，就子女的学习、人际关系、健康，以及全家人在一起的活动和时间，制定每周、每月和每季度的具体计划。

其次，要明确分担教养子女的义务和家务。作为父母，分担养育子女过程的义务和家务，是理所当然的。夫妻各自发挥自己的有点，哪一方负担过大，另一方要主动分担。因此，制定一贯的规则是必须的。比如，根据各个家庭情况，父母和孩子一起制定双方各自要遵守的规则。下面介绍的是我们家的。

首先，接送孩子去幼儿园，这件事根据父母的日程安排确定。另外，每月计划里规定由谁带孩子去做定期体检或看牙齿等。对于家务，通过夫妻协商进行分担。妈妈负责家庭财务和缴纳各种费用，爸爸负责家里家外的维修和垃圾分类清理。妈妈刷碗的时候，爸爸帮孩子洗洗、准备哄孩子睡觉。

孩子要遵守的规则如下：回家洗手、饭前祈祷、饭后致谢、对妈妈和爸爸及长辈恭敬、使用过的东西或玩具放回原处、睡前刷牙、早睡早起、过马路时注意观察并抓住妈妈爸爸的手 、和家人和睦相处、吵架后必须道歉等。

最后，为了坚持夫妻一贯的教养方式，要共享妈妈和爸爸的教养目标和教养风格。夫妻首先围绕把孩子培养为什么样的人，要统一意见。孩子犯错时，是否施行体罚，由谁用什么方式教训孩子，关于这些应该提前商量好。比如，妈妈严厉教训孩子时，如果孩子去找爸爸，爸爸也保持严厉让孩子回到妈妈那里，还是孩子知道错误后安慰孩子，这一点也需要提前规定。

妻子不仅需要丈夫物质上的支持，更需要精神上的支持。比如，对妻子说辛苦了，温暖地拥抱一下，倾听妻子讲述育儿困难，当着孩子的面赞扬妻子等。有了这种精神上的支持和丈夫有效分担教养任务，妻子的教养子女负担减轻许多。

丈夫希望与妻子共享关于教养的信息，也希望妻子尊重自己的教养方式。当丈夫跟孩子一起玩耍或看书，或做了一桌子可口的饭菜，在公园和孩子一起骑完自行车回家，一起洗澡帮孩子穿衣服，妻子要鼓励和表扬丈夫付出的的努力和辛苦。夫妻互相努力满足对方的需求，相互包容对方的不足，相互安慰，相亲相爱的时候，夫妻共同教养子女的方式才能踏上成功之路。

在这世上，男人没有妻子就当不了爸爸。通过妻子巨大的分娩痛苦，我和大家才获得爸爸的称呼。同样，没有妻子的帮助就当不了好爸爸。想当好爸爸，首先当好丈夫，并为此投入时间和精力。这样才可以组成最佳的育儿团队。父母关系相当于棒球的投手和捕手的关系。捕手帮助投手选球，当投手吃力的时候也给予鼓励。另外，捕手对场内的左右野手下达作战指示，根据防守形式改变其位置。捕手的作用类似于妈妈全盘考虑家庭的作用。所以，在棒球比赛现场，捕手被称为女主人。相反，爸爸相当于投手。投手位于棒球场地的中心，主导比赛。棒球被称为投手的游戏，是因为投手具有压倒性的作用。

投手和捕手的配合程度左右比赛的速度和胜败。如果投手和捕手之间不和，配合不默契，左右的选手开始动摇，最后整个团队变成一团糟。妈妈和爸爸的关系也一样。如同投手和捕手在比赛过程中一直进行交流，妈妈和爸爸也要不断进行交流。双方共享的战略完全一致，这场比赛显然走向胜利。

有时在危机状况下，投手和捕手也动摇。那时，投手和捕手利用比赛的休息时间，坐在运动员休息室交换意见，互相鼓励对方。就像投手和捕手为共同目标前进，父母也为共同的目标一如既往奔向未来，才可以获得双倍的最佳效果。

让孩子与益友交往

上小学以后，孩子逐渐想摆脱父母的影响。老师对孩子的影响远大于父母，早熟的孩子则更愿意听朋友的，而不是老师和父母。但没有必要为此担心。根据尤里·布朗芬布伦纳的生态系统理论，从幼儿期进入青春期以后，孩子的主要生活舞台从家庭转移到学校、朋友圈和社会。如同孵出的小鸟在鸟巢接受妈妈的保护，长到一定程度以后，准备离开鸟巢。

在幼儿期，朋友的关心和爱护，对孩子的自尊心和自信感发育起到重要的作用。我曾经任教的幼儿园发生这样一件事情。仔细观察小朋友玩耍，发现孩子们根据共同爱好分几拨玩。一拨是喜欢芭比娃娃或爱打扮的小朋友，另一拨是堆积木堆得好的小朋友，还有玩儿电脑游戏的小朋友和会讲故事的小朋友各自一起玩，住在一个住宅楼的几个小朋友或妈妈之间关系好的几个小朋友也各自一起玩。有时觉得孩子们的分批分组像大人的趣味小组。问题是孩子们一起玩儿的小集体也存在矛盾，原有集体的小朋友极其不愿意其他小朋友进入自己的集体。每个班都有一两个不属于任何一个小集体的丑小鸭，被其他小朋友推来推去。父母希望自己的孩子朋友多，人气旺，所以，其他孩子过生日的时候，送礼物、生日卡和零食等。

有一天，来幼儿园时间不长的叫宰仲的孩子哭着来找我。他说其他小朋友都不跟他玩儿。看样子，这个孩子被玩团队游戏的小集体（协同游戏）拒绝而受了刺激。第二天，孩子带着已开封的糖盒来幼儿园。他说是妈妈送其他小朋友的零食，可一眼便能看出，是孩子自己的主意。我怕孩子尴尬，在他的零食外加其他零食，再分给小朋友们说，“这是宰仲的妈妈送给大家的，她希望大家和宰仲一起玩得高兴。”接着，我组织孩子们各自表演自己的专长。一边吃零食，一边又唱又跳，在这过程中，孩子们逐渐向宰仲敞开心扉，开始接受他了。

从孩子到成人的过程中，每个人都经历四类重要的相遇。与父母相遇、与朋友相遇、与老师相遇，还有与配偶相遇。在美国，一般二十岁上大学，把这二十岁看做孩子独立的年龄。因此，十几岁就开始为孩子独立做准备和训练，这时，重要的是与同龄人集体建立关系。研究青春期友谊的权威凯文·萨利文博士说，十几岁时所建立的人际关系是左右今后社会生活成败的尺度。据调查研究，孩子长到十几岁后，一般不找父母谈心，更多跟朋友交心，依靠父母，最重视得到朋友的认可。研究结果显示，被同龄人排挤或被朋友冷落，与抑郁症、自闭症、反社会倾向、酗酒、吸烟、性关系有着密切的联系。

那么，为了帮助孩子有好朋友，建立深厚的友谊，爸爸能做什么？

首先，了解孩子朋友的名字和年龄，以及朋友关系和喜欢什么等。为此，孩子过生日的时候邀请孩子的朋友来做客，或平时多跟孩子交流的时候询问和倾听。

其次，孩子的朋友来家里玩的时候，要热情接待、亲切对待。孩子们问候的时候，亲密地相互击掌，抚摸一下孩子的头，赞扬和鼓励孩子们，他们也同样亲密对待你的孩子。

第三，对孩子的朋友坦率、正直，表现尊重孩子的言语。

和孩子在一起的时间非常短暂。长到十几岁，孩子就离开父母的呵护，开始和朋友们的新的生活。不想因空巢穴综合征（子女相继离开家庭后，父母感到空虚和忧郁的心里障碍）而受折磨，趁早为孩子的离开做准备和练习。帮助离开与父母在一起的巢穴，飞翔崭新世界的孩子找到良师益友，这就是练习的开始。

爸爸的第10个习惯

爸爸的遗产

你有这种经历吗？下定决心不要重蹈爸爸覆辙，但长大成人后有一天突然惊讶地发现自己的行为和爸爸一模一样。幼年时期的创伤不知不觉地影响孩子。像让孩子记住你什么样子，你就努力做到什么样子，这就是爸爸最重要的习惯。

先治愈自己的创伤

小时候，我喜欢看电视节目“动物王国”。到今天我还清楚地记得其中一个场面。

动物之王，一只狮子在打猎时受伤。狮子没当回事，回自己的住处山洞。狮子怕其他动物知道自己受伤，乘人之危，想躲在洞里休息几天，就能好起来。可是伤越来越严重，最终，狮子在洞里结束了生命。

同样，有一只狮子，捕猎羚羊时受到鬣狗的袭击，狮子受伤。伤得不轻，狮子觉得快不行了，带着受伤的身体晒太阳，往伤口抹泥土，来回重复同样的动作。之后，伤口神奇地开始愈合，过了几天，狮子恢复原样，争霸草原。

人也是一样。从出生的那一刻起，我们在生活中不知不觉受到很多创伤。身体的创伤经过消毒、缝合、用药，过一段时间就可以恢复。心灵的创伤也需要治疗，躲在洞里，伤口不可能自愈。受伤的心也需要用药、晒太阳、吹吹风，防止化脓，而后注意观察和等待伤口愈合。

不想传给孩子心理创伤，爸爸首先治愈自己的创伤。如果爸爸有心理创伤，不仅不能治愈孩子的创伤，连了解孩子创伤的心理余地都没有。

世上没有一个人没有心理创伤。你和我，我们都带着创伤生活。有些是人们看得见的外伤，而有些伤口埋藏在心灵深处。这些看不见的创伤会引发严重的问题，受到心理创伤的人伤害其他人的可能性非常之高。

还记得小时候大家的爸爸是什么样的吗？爸爸下班回家，原本充满和平的家里马上寒风袭来。家里的人聚在客厅快乐地边吃零食边看电视，看到爸爸回家不自然地打个招呼，各自回自己的房间。如果，那一天爸爸喝了酒，大家都尽量不让爸爸发现自己，在焦躁和紧张中盼着天亮。

想起爸爸，我也有心痛的记忆。自从爸爸对我施行体罚，开始疏远爸爸。没能治愈愤怒和怨恨的心理，进入青春期后，我还想过报复爸爸。报复的办法就是毁掉爸爸在我身上要实现的梦想。因此，爸爸让我做什么，我就偏不做什么。从爸爸那里受到的伤害，我想以伤害爸爸的方式来还给他。一句话，以反抗表现我的愤怒和怨恨。二十岁以后，我离开家，远离爸爸的阴影，那一刻，我喜悦的心情是无法用语言来形容。

后来专修幼儿教育学，我开始关心父母教育，通过心理咨询找到与爸爸心理和好的机会。爸爸如此对待自己的儿子，是不是有特殊的理由？为了理解爸爸，我首先要了解爸爸的过去，了解爸爸有什么情结，还有受到什么创伤。

性格上有暴力倾向的爸爸身后有严厉、冷漠的爷爷，还有霸道的大伯对爸爸使用暴力，无情地虐待爸爸。在不分青红皂白使用暴力和冷暴力的环境中，爸爸的创伤越来越深，没能得到治疗的创伤，原封不动地又传到我身上。总之，爸爸是受到上一代暴力和虐待的被害者，同时，爸爸又是加害者。

当好爸爸，首先要治愈自己的创伤。没解决过去没有解决的事，现在就不会幸福，也抓不住未来。为研究爸爸，到目前为止，我见过很多各种国籍和不同种族的爸爸。我发现他们有一个共同点，他们小时候都受到爸爸的伤害。我发现惊人的事实，虽然东西方国家的经济和文化差异很大，但 80 ~ 90% 的爸爸小时候都被爸爸虐待。余下的 10 ~ 20% 也没有逃脱来自妈妈或兄弟姐妹的暴力。看来家庭暴力已经很普遍，与其教育程度、经济实力和社会地位的高低无关。也许，这就是如今社会上到处泛滥愤怒、压力和挫折的原因所在。

早期，弗洛伊德对因精神疾病和偏离社会等原因被隔离的病人进行研究。与这些有问题的成年人交流，弗洛伊德发现了惊人的事实。他们有共同点，大多数在幼儿期与父母经历中存在严重的问题。心理性力被称为力比多，是人在生活中必须的力量源泉。力比多是控制人类心理的力量，认为性欲是人类快乐的源泉。性欲不只是单纯与做爱或性行为有关的能量，更接近感觉和表现喜怒哀乐的心理能量。通过研究发现这些病人大多在幼儿期心理能量都受过压抑。比如，在父母的殴打和辱骂中长大的孩子，负罪感、挫折、愤怒和绝望替代健康的自我意识。同时，看着妈妈因爸爸酗酒和暴力而痛苦，孩子不能有正确的性观念。儿子拿爸爸是成年男人的反面教材来学习，女儿则因生为女儿身而感到屈辱，鄙视像爸爸一样的男人。

治愈心理的创伤，要记住的词汇是“宽恕”。心理治疗大师大卫·西蒙得说，宽恕应同时“宽容自己”和“宽容对方”。就是说，首先要宽恕自己的错误。不能宽恕犯错误的自己，就绝对不会宽恕与创伤有关的其他人。即使因为别人的错误而被冤枉，要明白自己也有一定的责任，这一点很重要。为此，为了宽恕首先要认清自己的内心深处。

假设小时候遭遇过想都不愿意想的很可怕的事情。你会说，“我是受害者。如果爸爸没有往死里殴打，我也不会离家出走。不会变成不良少年，也不会进少管所。多一点理解，多一点爱，我也不会到这个地步。”是的，没有错。但是，要想一想，面对来自外部的刺激，你自己的选择是否完全正确。因为，怨恨爸爸而逃避生活，这明明作为人生的主人你自己的选择。

一个酒鬼爸爸有两个儿子。爸爸酒精中毒，没有一天头脑清醒。妈妈受不了爸爸常年殴打，已离家出走。两个儿子在爸爸的各种辱骂和家庭暴力中长大，结婚当了父亲。老大变成和爸爸一样的酒鬼，而老二成了社会上有名望的父亲。有一位记者采访两个儿子，问其中的原有。没想到两个儿子的回答一模一样。

“只能是这个结果，我能怎么办？”

一个人被客观环境屈服，另一个人则敢于斗争，克服环境困难。我们都有力量与客观环境斗争。即便爸爸伤害自己，只要儿子自己愿意中止恶性循环，完全有可能。不再传承伤痕累累的旧传统，形成自己固有的新传统，才能留给子女优良的遗产。

改变历史潮流的方向，需要站在转折点的人做出牺牲。牺牲的代价不是给我们“互相伤害的家”，而是送我们“互爱的家”。

你为孩子愿意留下怎样的记忆

谁都会有这样的经历，小时候曾经下定决心不再重蹈爸爸的覆辙，但长大成人有一天突然惊讶地发现自己的行为和爸爸一模一样。我也有这样的经历，偶尔像爸爸对待我一样，对待我的孩子。爸爸的印象留在我的无意识中，我跟着爸爸的脚步，重走爸爸曾经走过的路。小时候爸爸留给我的记忆，他的言行和习惯，不知不觉中变成我的言行和习惯。

真正理解爸爸，孩子就把爸爸当成自己的一部分。心理学用语叫做认同，指一个人接受别人的习惯或属性，形成自己人格的过程。如果喜欢尊重认同对象，自然而然进行模仿，越来越像。并通过自动和无意识地同化过程完成认同。认同他人意味着自己精神和情绪的成熟和发育，同时学习认同对象理想、关注、兴趣和习惯等各种人格属性。

如果不喜欢和不尊重认同对象，出现防御性反应，这时所启动的防御机制就是投射。投射，是指将自己对对方的想法和情感转移到别处的心理作用。通过投射，否认自己的想法和情感属于自己，而相信它是客观存在的。比如，有个孩子害怕和痛恨爸爸，就说，“我不喜欢爸爸，不想见到爸爸，不愿意跟他说话，不喜欢爸爸对我做的一切”。是指将来自爸爸的各种属性，包括语言、行动、习惯，转移到别处的心理现象。

有趣的是，不管爸爸是认同对象还是投射对象，等孩子成年之后，爸爸的属性必然在孩子的生活中再现。爸爸的影响力在孩子的未来生活中得到重生，这着实让人惊讶，也使人害怕。

孩子是父母的镜子。我长时间在幼儿教育一线工作和学习，遇到过各种种族父母。我能断定，从孩子身上能看到孩子的父母。在幼儿园面对孩子时，最先看孩子的眼睛和脸部。脸上充满活力、朝气蓬勃的孩子，相对来说都身心健康。一看眼睛和脸部就能知道当天孩子的状态。身体状态不好，当然不耐烦，对朋友也不会友好。

其次，看孩子的身体各个部位。看孩子洗脸了没有，认真刷牙了没有，头发整不整齐，脸上有没有涂乳液，有没有穿破袜子，修没修手指甲，从着装的整洁可以猜到妈妈和爸爸对孩子的关心程度。

然后，注意孩子怎么对待老师和其他小朋友。如果孩子和爸爸关系不好或怕自己的爸爸，面对男老师会有心理障碍。在家跟兄弟姐妹经常吵架的孩子，在幼儿园跟其他小朋友的关系也不好。小孩还没完全脱离以自己为中心的思维方式，当然不愿意把玩具或教具让给其他小朋友。但有些孩子不会关怀他人，过分耍赖，说明他们没有受到父母和兄弟姐妹的关心和呵护。比如，有了弟弟或妹妹以后，父母不再专宠他一人，而表现出一种像撒娇的退化行为。另外，没能得到父母充分的关心和呵护的孩子，不会与朋友和其他人分享。很遗憾，没有得到爱，当然没有爱可以付出。

孩子是父母的化身。现在大家的形象就是孩子的今天，也是孩子的未来。深爱一个人说明很了解爱的对象。因此，要自己观察孩子眼里的自己形象。

进行关于父亲的研究期间，我听到很多位父亲的故事。其中不乏蹲监狱的爸爸，因同性恋抛弃妻子和子女的爸爸，怀念因战争后遗症很早离开家的父亲的年轻爸爸等。随着很多父亲们留下的脚印，今天的爸爸还在走那条路，而我们的路将成为孩子的里程碑。想象一下，父亲和儿子冒着暴风雨一起前进。如果希望将来孩子走在正确和安全的道路上，希望开拓他们自己新的道路，首先爸爸要正确地站立起来。

孩子只是跟随爸爸而已

有句俗语，“种瓜得瓜，种豆得豆”。说明有付出才能有获得的自然规律。同样，成功人士拥有奔向成功的力量。养育子女也如此，照样适用“种瓜得瓜，种豆得豆”的自然规律。爸爸传给孩子最珍贵的东西之一就是“好习惯”。

由各种因素形成生活方式和生活态度，其中最优先的就是好习惯。因为，习惯与有意识和无意识的世界紧密相连。就是说，习惯是每个人的思维方式表现为行动时，所支撑的心理和认知的框架。思维模式和说话方式连续向外表现的时候，习惯这一特殊公式开始运转。

举个简单的例子，有些人每次面临压力，抽烟、喝咖啡或暴饮暴食。孩子挨爸爸训时，重复咬指甲弄出血或拽自己的头发等行为，显然已养成一种习惯。之后面临类似的状况，条件反射，做出习惯性反应。所以，让孩子从小养成好习惯。如同一颗树，从种好小树木，才长成笔直的大树并结果，孩子也要从小开始养成好习惯。

幼儿老师教育孩子，特别重视日常生活中重复的习惯。健康的习惯有进屋洗手，饭后刷牙，不偏食，饭前饭后说声谢谢，早睡早起，按时运动等。另外，基本生活习惯有使用过的东西放回原处，入厕后冲水，收拾玩具，垃圾扔到垃圾箱，爱护大自然，排队等候等。学习生活习惯有爱看书，珍惜学习用品，扩展思考，树立信心等。社会生活习惯有练好心情，跟朋友吵架后先道歉，学会让步，尊重朋友的意见，帮助有困难的朋友，对老师和长辈讲礼貌，离家回家时问候父母等。

其实，我们早在幼儿园已经都学会生活中所必须的基本习惯。问题是离开幼儿园以后，我们被不遵守这些基本习惯的大人（妈妈、爸爸、朋友和老师等）和周边环境同化，逐渐忘记这些习惯。如果，我们深刻认识到小时候的习惯决定孩子的生活质量，也许，世上所有大人绝对不会忘记在幼儿园学过的规则和习惯。

相反，一些遗产绝对不能传给孩子。这些遗产包括暴力和体罚，挫折和灰心，酗酒和吸烟，黄金万能主义和不道德的行动，不健康的性观念等。根据约翰·霍普金斯大学医学院几年前发布的统计资料，小时候被父母虐待的孩子，长大后虐待自己孩子的可能性达 76%。针对抑郁症和精神病患者进行调查，问他们小时候有没有被虐待，86% 的被访者回答“是”，其中多数经历了因酒精中毒、吸毒、性混乱而导致家庭破裂。之前所提，祖克士家族的悲剧在很多家庭重演。

通过上述统计资料，能体会大人的言行对孩子的影响。我们周边的负面文化更容易在社会迅速传播。比如，像妈妈、爸爸或演员等自己尊重和信任的榜样自杀时，自己也跟着自杀或模仿死亡方法等。这又称之为维特效应。

对孩子来说，最具影响力的榜样就是妈妈和爸爸。虽然每个家庭情况有点不同，但爸爸的每一个言行和习惯对孩子影响力远比妈妈大。孩子需要为自己的人生指明方向的英雄。周围不少青少年组织粉丝俱乐部，痴迷于自己喜欢的演员，其执著程度显然超出常理。从正面分析，说明孩子们通过喜欢他人，间接实现自己的愿望或减轻压力。但从反面分析，说明周边没有可以信赖和跟随的榜样（英雄），这不得不让人心酸。

如果已经充分认识到为什么传给孩子好习惯的道理，剩下就是在生活中如何实践。“认识”和“行动”之间有很大差异，没有忍耐和毅力很难实践知行合一。谁都清楚生活中要遵守的生活习惯都有什么。因为，早在幼儿园和小学校已经都学会这些习惯。我们一直受到这样的教育，要孝敬父母，兄弟姐妹友爱，夫妻恩爱，邻居和睦相处等。清楚这些道理，但在现实生活中不能实践，因此，内心的自我和现实的自我之间不断重复矛盾和烦恼。

如今，依然到了该实践的时候。介绍独立运动家白帆金九先生喜欢的李亮渊的一首诗。这首诗对有认识的爸爸有所帮助。

穿雪野中去，
不须胡乱行。
今早我行迹，
遂作后人程。

世上所有的路都由先人开辟。其中有引向山顶的希望之路，也有引导悬崖的绝望之路。跟随爸爸的路，孩子们开始漫长的人生旅行。跟随爸爸的路走，孩子们看懂世界，从而开始走自己的路。请时刻记住，我现在走的路就是我儿女跟随的路，要一步一步慎重走下去。

爸爸幸福孩子才能幸福

据统计，2000 年和韩国抑郁症患者约为 22 万人，而到了 2011 年，韩国抑郁症患者数量增加到 53 万名。很遗憾，在经合组织国家中，韩国的自杀率占第一位。上学期在“人类发育”课中，有一位学生提出了这样的问题。

“听说，韩国的自杀率世界第一，这是事实吗？据我所知，韩国在经济文化方面都高速发展，人们丰衣足食。为什么会有那么多人自杀？您认为是什么原因？”

对美国学生提出的意想不到问题，我有点慌了。如今，在电子产品、汽车、造船、韩流文化等的影响下，韩国的国家形象以惊人的速度得到提升。这个时候，怎么解释韩国自杀率世界第一位的黑暗一面呢。我回答说，也许抑郁症和自杀是经济高速发展和物质生活丰富的一种影射。

下课回到办公室，我在互联网搜索韩国自杀率。自杀的人比较平均，分布在不同年龄层，我仔细想了想韩国人自杀的原因。十几岁的孩子受到父母和周边环境的影响，深陷学习的泥潭。因为，父母和社会都认为学习成绩是决定人生未来的唯一法宝。孩子们没有心情观察周边，也缺乏精神上可以依靠的对象。拉帮结派，肆意排挤，把有不同观点的人当成攻击对象；以野生动物优胜劣汰的方式分出优劣，对自己属于生物链顶端而感到快感。这种心理在学校文化中蔓延。随着离婚家庭和单亲家庭的增加，家逐渐失去作为情感归属和休息空间的功能。

这些孩子长大，进入社会，遇到失败和挫折，就轻易放弃生命。

同时，蔓延到整个社会的抑郁症和惊恐症，及心理不稳定因素导致自杀等极端选择，就像验证维特效应，这种现象轻而易举和飞快的麻痹人们的理性。韩国社会黑暗的一面已发展到很严重的程度，应该采取措施，以防止继续恶化。

也许，正因为如此，如今在韩国出现的话题之一就是“幸福的人生”。人们都在谈论康复、养生和体面死法等话题，表现人们对幸福的关注和渴望。最近，有很多“框架理论”的介绍，我们决定的人生框架左右我们对生活的满意度和幸福感，这是该理论的核心。比如，2012 年，韩国游泳运动员朴泰桓在伦敦奥运会游泳项目中拿两枚银牌，这是改写韩国游泳历史的壮举。但大多数韩国人更为奥运会历史上取得第一枚铜牌的韩国足球队欢呼，也许是因为铜牌争夺战的对手是日本队。之前，人们并没有期待韩国国家足球队取得好成绩，所以，当足球队取得超乎意料的胜利，人们为此激动和欢呼。朴泰桓曾经在北京奥运会取得金牌，因此，这次奥运会只拿银牌，定然满足不了韩国人的期待心理。

韩国的一位高中生杀害自己的母亲，并把母亲的尸体遗弃在屋里一个多月之久，也许大家对这件事记忆犹新。这场悲剧也源于妈妈对孩子过高的期望值。这个孩子是爱学习的好学生，在韩国全国学习成绩排名第 4000 名左右。他担心对自己期望值很高的妈妈失望，也怕妈妈的殴打，把交给妈妈成绩单伪造成全国第 62 名。妈妈看到全国排名第 62 名的儿子成绩单后，因没拿全国第一为缘由，用高尔夫球杆和木棍殴打孩子，长达八个小时之久。在老师找家长商量高考志愿的前一天，孩子害怕自己伪造成绩单的事情被暴露，用菜刀杀害妈妈。

被杀害的妈妈和丈夫离婚，她生活唯一的希望就是孩子。她除了孩子的学习成绩外，对其他所有事情毫无关心。为了满足妈妈的执着和很高的期望值，孩子垂死挣扎，着实让人悲伤。

我们在生活中一直思考怎样才能获得幸福。达赖在《幸福论》中说，人们觉得自己不幸福，是因为不满足于现状。行徹法师也说过，“所有的痛苦源于贪婪”。不满足现在的生活，想拥有更多的贪婪阻止我们幸福。不幸并不是外部因素所导致，而是自己造成的痛苦。从头到尾将自己与周围的人比较，以物质和地位衡量幸福，这种成功主义和成名主义逼我们走向人生的不幸之路。

那么，爸爸的幸福应从哪里开始，又到哪里能寻找幸福？努力寻找“人生”答案，爸爸就能找到幸福。幸福在自己的心中，在家庭里开始生长。

早上起床，感激又能开始新的一天；感激身边妻子和孩子都平安；感激有发挥能力的工作单位。感激拥有站立并勇往直前的两条腿；感激拥有注视着孩子们健康成长的双眼；感激拥有读童话书的嗓子，将这感激之心变成习惯。假如没有这些日常的点点滴滴，生活该多么乏味。感激微不足道的好习惯，这就是幸福，而且这是更珍贵的遗产。

爸爸的习惯决定孩子的未来

电视脱口秀快结束的时候，通常主持人向节目嘉宾提出这样的问题。

“有什么计划？”

“你的最终梦想是什么？”

“你一定要实现的愿望是什么？”

脱口秀节目进行中，一直谈论嘉宾的过去和现在，当然想了解嘉宾的未来。对于梦想，有一位女演员给出了很精彩的答案。

“我的梦想是我成为别人的梦想”。

对于生活在当下的我们来说，更为重要和更具魅力的事情是，比起过去更重视现在，比起现在更梦想未来。我个人认为，梦想和前途相同。前途意味着包含超越所能看见的想象力和观察力的未来。有前途的人，有能力实现自己梦想的未来。好爸爸是设计家庭和孩子的未来，并引领大家圆梦的爸爸。像朋友的爸爸或慈祥的爸爸也不错，社会上成功的爸爸或有钱的爸爸也是好爸爸。总之，包括我在内，关于爸爸教养孩子的研究者所追求的最优秀的爸爸是拥有未来蓝图的人。

人的言行基于自己的所见所闻。讲述自己没有经历过的事情，是引用他人的想法，有可能是毫无根据的吹牛。孩子更是根据自己的亲身经历说话和行动。换句话说，所见所闻越多，亲身经历越丰富，孩子更能正确、坦率、明确表达自己的意见。

学习心理学家表示，正确、坦率、明确表达自己意见的能力，是拥有高认知能力孩子的一种特点。孩子对有意义的他人，即认为对自己有影响的人所提供的信息或学习机会，表示高度的集中力和实践能力。

那么，谁对孩子的影响力最大？答案当然是父母。向幼儿期的孩子提供各种学习机会和经验的最佳人选就是父母。我这本书中多次提过，妈妈所提供的内容和爸爸的内容量在数量、质量和方式上存在很多不同。不要为此区分，更不能分清楚哪一方更有效果。因为来自妈妈的经历和爸爸的经历都有各自的特点，以不同的内容来被孩子接受。

我认识的电视台一位记者说过这样一句话。“跟爸爸第一次做的运动就是孩子的第一运动。”跟爸爸第一次的运动经历影响孩子的一生，爸爸给孩子最好的礼物就是“经历”。爸爸让孩子看到的是没有一个人带孩子看过的崭新的世界。

20 多年来，我一直组织棒球俱乐部的活动，有些会员们常常带家人来看比赛。看到自己的爸爸穿漂亮的运动服打棒球，孩子们觉得这时候的爸爸跟平时不一样，被爸爸迷住而格外兴奋。孩子们热情的为爸爸助威，他们的呐喊声也更起劲儿。如果爸爸打了一个本垒打，欢呼声更是震撼整个运动场。孩子的眼睛里充满对爸爸的信任和尊敬之情。

孩子跟爸爸学习登山和钓鱼，学习投球和接球的办法。孩子跟爸爸学骑自行车，打帐篷，煮方便面，学习领会自然规律和敬畏大自然。孩子跟爸爸学会应对危机的办法，帮助弱者和困难人群的见义勇为的决心。孩子还跟爸爸学习帮助妈妈，关心弟弟妹妹等一家人之间的情谊；学习朋友间的信任和义气；学习对异性朋友的绅士风度。孩子通过爸爸要学习的数不清。

不要认为爸爸要实践的梦想和前途过于宏伟，难于着手开始。首先从爸爸会的，爸爸喜欢的事开始，跟家人一起做。孩子通过和爸爸一起的这些经历中，学习花钱买不到的，学校里学不到的珍贵东西，这将是创造孩子未来的动力。

有这样一句话，“思行习人运”。意思是说，思想决定行动，行动决定习惯，习惯改变人格，人格改变命运。我对这句话的理解有所不同，“爸爸的思想决定孩子的行动，爸爸的行动变成孩子的习惯，爸爸的习惯变成孩子的人格，爸爸的人格决定孩子的命运”。

习惯，是通过多次重复过程，变得熟悉和被固定的言行。这些习惯虽然从及其简单的小事开始，但很快被固定，最后难于改变。

不管是好习惯还是坏习惯，孩子看着爸爸的所有习惯长大。到时候他成为爸爸，就原封不动地重复自己爸爸的一切习惯。

爸爸对孩子的人生影响最大。期待自己的孩子长成一棵大树，首先需要爸爸回顾自己的人生。因为，爸爸的每一个小习惯都会成为孩子这棵树的树根、树干、树枝和树叶。

结 语

教养孩子的过程中爸爸成为父亲

离开韩国，我在美国生活已有12年。偶尔受邀到韩国演讲，随着用英语思考和讲话的时间越长，越来越难以用韩语来表达自己的想法。后来，我想通过书面形式，可能更顺畅和系统地表达我的想法，因此，我写了这本书。

如今，我们生活在巨大的信息洪流中。关于父母教育和育儿书籍很多，也有不少关于爸爸教育的书。其中有些主张，以打骂的教育方式培养孩子坚强的意志，而有些说，对身体的体罚是不能容忍的，应以爱心教育孩子。

值得注意的是，如果爸爸没有自己的主观意识和标准，接受过多的信息和知识，反而有可能丢失爸爸自己的养育哲学。世上并不存在完美理论或假设，在这混乱的时代站稳脚跟，必须要有自己的哲学。

但是，自己的哲学也有可能存在错误。一直认为正确的也许是错误的，而认为错误的也许被证明是正确的。因此，我们需要常常审视自己所信任的价值观。我希望大家以这种态度读这本书，认真思考对自己适合的育儿方法和爸爸的作用。

世上所有的父母都要当最好的妈妈和爸爸，但现实生活并不如意。必须接受在重复犯错误和改进错误中前进的现实。养育孩子还需要果断舍去的勇气。

掌握再好的育儿信息和知识，没有在生活实践，还不如不懂这些。希望孩子快乐幸福的生活，首先父母要快乐幸福。一本书，几个小时的演讲不可能轻易改变一个人的哲学。与其掌握很多信息，不如努力正确了解和实践，教养孩子的爸爸要记住这一点。

父母养育子女，有很多不如意，没有必要太自责。每个孩子的性格气质天生不同，受到父母以外其他环境的影响，还有孩子身边随时随地有发生可能性的事故，有时，孩子情况向错误的方向发展。

有些孩子就不听父母的话，而父母想正确引导孩子，两者之间必定存在矛盾。遇到这种状况，该什么时候坚持自己的主张，什么时候让步，什么时候妥协，这都是父母要做的作业。所以说，世上最艰难的一件事就是养育子女。

尽管如此，我们心甘情愿挑起这需要牺牲和献身的沉重的任务。因为，现在我们之所以存在，是因为有了母亲和父亲的无私牺牲和真诚祈祷。想报答父母养育之恩，就把源于父母的爱传给我们的孩子。

虽然现在不常用，过去把“孩子”叫做“儿孩”。“儿孩”是‘小太阳’（译者注：韩语中“孩”和“太阳”的发音相同）的意思。这是多么可爱、高尚、美丽的称呼。小太阳长大成人，照亮世界为止，尽到父母的责任，这是父母的使命和命运。

最明智的父亲是学一辈子的父亲。

最有勇气的父亲是能战胜自己的父亲。

最幸福的父亲是事事都感恩的父亲。

塔木德

图书在版编目（CIP）数据

孩子的未来，取决于爸爸 / (韩) 金根圭著；李林译.
-- 南昌 : 二十一世纪出版社, 2014.10
ISBN 978-7-5568-0245-6
Ⅰ. ①孩… Ⅱ. ①金… ②李… Ⅲ. ①家庭教育Ⅳ. ①G78
中国版本图书馆CIP数据核字(2014)第222301号

版权合同登记号：14–2014–088

孩子的未来，取决于爸爸　[韩] 金根圭 / 著　李林 / 译

策　　划　张　明
责任编辑　刘　刚
出版发行　二十一世纪出版社
（江西省南昌市子安路75号　330009）
www.21cccc.com　cc21@163.net
出 版 人　张秋林
经　　销　新华书店
印　　刷　北京高岭印刷有限公司
版　　次　2015年1月第1版　2015年1月第1次印刷
开　　本　680mm × 960mm　1/16
印　　张　11
字　　数　130千
书　　号　ISBN 978-7-5568-0245-6
定　　价　29.80元

赣版权登字—04—2014—804
如发现印装质量问题，请寄本社图书发行公司调换 0791-86524997